JN075672

中国語検定対策
文法のポイント

■ 中検4級・3級合格に向けて ■

HSK対策にも
役に立ちます！

布川 雅英

駿河台出版社
SURUGADAI SHUPPANSHA

はじめに

中国語は漢字を使用しているため、ヨーロッパ言語のように語形変化しません。使用する単語が、文中のどこに置かれるかで、品詞の判断をします。また、現代中国語は、単語一語では詳細な意味を表すことが出来ません。具体的な意味は、単語の相互作用によって表現されます。

従って、中国語において、実は「語法（文法）」の理解が非常に重要です。「文法」というと敬遠される方も多いと思います。しかし、中国語では「文法」を論理的に理解することが大切です。「文法」を難しくとらえず、「単語の相互作用」と考えるといいと思います。

中国語検定試験では空欄補充問題、単語の並び替え問題、更には中国語作文問題を解答する際も、この「単語の相互作用」の理解が重要になります。

本書は、中国語検定試験４級と３級の筆記試験で出題される文法事項を中心にまとめました。且つ、著者が中国語を教授してきた過程で生じた疑問点や学生からの質問を振り返り、学習者も同様な疑問を抱くであろうと考え、それらの疑問を解決するべく、詳細な解説を心がけました。

特に本書の**ここがポイント！**は、著者が考えた事や他の研究者と話をして得られた視点をまとめました。一般的にはそれぞれ個別の文法事項として解説されるものを、横断的にまとめて解説するなど、これまでのテキストや参考書ではあまり言及されなかったものが複数あります。学習者にとっても中国語を理解するために大いに利用してもらえればと思います。

また、構文理解を図るために、練習問題と解答を付けました。繰り返し練習問題に取り組んで下さい。

なお、本書を執筆するにあたり、神田外語大学アジア言語学科中国語専攻准教授の青野英美先生、神田外語大学日本研究所客員研究員の山村敏江先生には多岐にわたるご教授をいただきました。著者の様々な疑問や質問に対し、いつも的確な分析と詳細なご回答をいただいたことに、心より御礼申し上げます。

最後に、出版に際し、様々なご協力ご助言をいただいた編集者の浅見忠仁氏に心より感謝申し上げます。

2022年８月
布川雅英

目次

第1章

第2章

第3章

第4章

第5章

第6章

第7章

第8章

第9章

第1章

1. 中国語の基本構造を覚えよう

動詞を用いた中国語の基本構造は「主語」+「動詞」+「目的語」です。
以下に、基本構造を記します。

A+〔主語〕　B+〔動詞〕　C+〔目的語〕　+D

1.1. Aに置かれるもの

Aに置かれるのは、日時や主語を修飾する連体修飾成分です。この他に特定化した主題です。

1.1.1. 日時

日時は"明年""昨天""晚上""星期天"などの時間詞（時間名詞）が使われます。

今天我去学校。（今日私は学校に行く。）

星期天我在家。（日曜日私は家にいる。）

1.1.2. 主語を修飾する連体修飾成分

"我的书""这个学生""报名的人""我昨天看的电影"のように名詞、代名詞、形容詞の他に、動詞句も構造助詞"的"を伴うと連体修飾成分になることができます。

这个学生一边查词典一边做作业。（この学生は辞書を引きながら、宿題をする。）

1.1.3. 特定化した主題

特定化した主題とは、「話し手」と「聞き手」がともに理解できる事物・事項です。

黑板上的字你们抄完了没有？（黒板の字をあなた方は写し終えましたか。）
chāowán

昨天买的小说我觉得很有意思。（昨日買った小説を私はとても面白いと思う。）

1.2. Bに置かれるもの

Bに置かれるのは、日時や述語（動詞や形容詞）を修飾する連用修飾成分です。このほかに、主語（話し手）の態度を表明する単語も置かれます。

1.2.1. 日時

日時を表す時間詞は、主語の後にも置くことが可能です。

我们星期六没有课。（我々は土曜日に授業はない。）

1.2.2. 連用修飾成分

連用修飾成分としてよく用いられるのは、副詞です。

今天很热。（今日は暑い。）

最近我不忙。（最近私は忙しくない。）

他已经回家了。（彼はすでに帰宅した。）

形容詞や動詞も構造助詞“地”を伴い連用修飾成分として用いられます。

她认真地学习英语。（彼女はまじめに英語を勉強する。）

她热心地教学生英语。（彼女は熱心に学生に英語を教える。）

她注意地盯着后面的车。（彼女は後ろの車を注意深く見つめている。）

前置詞句も主語の後ろに置いて、連用修飾成分として用いられます。

我在大学学习汉语。（私は大学で中国語を学んでいる。）

我跟他一起去吃饭。（私は彼と一緒に食事に行く。）

話し手の態度を表す単語（助動詞）も主語の後、述語の前に置いて、連用修飾成分になります。

我想去法国。（私はフランスに行きたい。）

我会说西班牙语。（私はスペイン語を話すことができる。）

ここがポイント！

「日曜日私は家で宿題をしたくない」という日本語を中国語に訳すと、次のような語順になります。

星期天	我	不	想	在家	做	作业。
日時	主語	副詞	助動詞	前置詞句	動詞	目的語

「したくない」は“不想”で、「家で宿題をする」“在家做作业”という【前置詞句＋動詞句】すべてを否定します。“不想”を動詞の前に置かないように気を付けましょう。

× 星期天我在家不想做作业。

1.3. Ⓒに置かれるもの

Ⓒに置かれるのは、時態助詞（“了・着・过”）や補語、さらに目的語を修飾する連体修飾成分です。

1.3.1. 時態助詞

時態助詞は、動詞の後ろに置いて「動作の完了“了”」「動作の持続“着”」「過去の経験“过”」を表します。

我去过中国。（私は中国に行ったことがある。）

1.3.2. 時態助詞及び目的語を修飾する連体修飾成分

我看了昨天买的小说。（私は昨日買った小説を読んだ。）

1.3.3. 結果補語、時態助詞及び目的語を修飾する連体修飾成分

我吃完了妈妈包的饺子。（私は母が作った餃子を食べ終えた。）

1.4. Ⓓに置かれるもの

Ⓓに置かれるのは、語気助詞（“吗・了・吧・呢”）などです。語気助詞は、文末に置いて、話し手の態度や気持ちを表します。

你们是留学生吗？（あなた方は留学生ですか。）

她的病好了。（彼女の病気はよくなった。）

我们一起去吃饭吧。（私たち一緒に食事に行きましょう。）

2. 修飾構造を覚えよう

中国語の修飾構造は、前から後ろ、つまり修飾語が前から、後ろに置かれる被修飾語を修飾します。連体修飾構造も、連用修飾構造も同様です。

2.1. 連体修飾成分

連体修飾成分として用いられるのは名詞、代名詞、形容詞、数量詞、動詞（句）、様々な句などです。

2.1.1. 構造助詞“的”が不要の場合

①名詞が修飾成分となる場合

中国語では、形容詞より名詞の方が自由に修飾成分となります。修飾語となる名詞が後ろの被修飾語の性質や属性を表す時は、構造助詞“的”が不要です。

日本菜（日本料理）　中国老师（中国人の先生）　×中国人的老师

日時を表す時間詞が修飾語になり、後ろの被修飾語も時間を表す名詞の場合、日本語では「の」が入りますが、構造助詞“的”が不要です。

昨天晚上（昨日の夜）　今年夏天（今年の夏）

②代名詞が修飾成分となる場合

親族や所属機関を述べる場合は、構造助詞“的”が不要です。

我爸爸（私の父）　我们学校（我々の学校）

③形容詞が修飾成分となる場合

単音節の形容詞が修飾成分となり、且つ熟語化している場合は、構造助詞“的”が不要です。

红毛衣（赤いセーター）　好青年（好青年）

④数量詞が修飾成分となる場合

数量詞が修飾成分となる場合は、構造助詞“的”が不要です。

两个学生（学生２人）　一本杂志（雑誌１冊）

2.1.2. 構造助詞“的”を用いる場合

①名詞が修飾成分となる場合

名詞が修飾成分となる場合、構造助詞“的”を用います。これは日本語の発想と同様です。

老师的电脑（先生のパソコン）　大学生的生活（大学生の生活）

②代名詞が修飾成分となる場合

代名詞が修飾成分となる場合、構造助詞“的”を用います。これも日本語の発想と同様です。

我的专业（私の専攻）　这里的风景（ここの風景）

③形容詞が修飾成分となる場合

状態を表す形容詞や形容詞の変化形式が修飾成分となる場合、構造助詞“的”を用います。

绿油油的头发（つやつやの黒髪）
lǜyōuyōu

干干净净的教室（ピカピカできれいな教室）

副詞に修飾された形容詞が修飾成分となる場合、構造助詞“的”を用います。

最难的问题（最も難しい問題）

很宝贵的意见（とても貴重な意見）
bǎoguì

④動詞（句）が修飾成分となる場合

動詞（句）が名詞を修飾する際も、構造助詞“的”を用います。

写的文章（書いた文章）　我昨天听的音乐（私が昨日聞いた音楽）

⑤様々な句が修飾成分となる場合

主述句が修飾成分

交通方便的地方（交通の便利な所）　我看的小说（私が読んだ小説）

動目句が修飾成分

坐地铁的人（地下鉄に乗る人）　玩儿游戏的孩子（ゲームで遊ぶ子ども）

動補句が修飾成分

看完的报（読み終えた新聞）　跑来的同学（走って来た同級生）

前置詞句が修飾成分

在中国留学的时候（中国に留学していた時）

关于日本经济的看法（日本経済に関する見方）

2.1.3. 構造助詞“的”を用いても、用いなくてもよい場合

①代名詞が修飾成分となる場合

「私の父」のように親族を述べる場合は、構造助詞“的”を用いないのが一般的です。親族以外の人間関係を述べる場合は、構造助詞“的”を用いても、用いなくてもかまいません。

我的朋友 / 我朋友（私の友人）　我们的老师 / 我们老师（私たちの先生）

②複音節の形容詞が修飾成分となる場合

複音節の形容詞が修飾成分となり、且つ被修飾語が複音節の名詞の場合、形容詞と名詞との慣用的な結びつきや使用頻度により、“的”が省略される場合もあります。

有名的大学　有名大学（有名な大学）

漂亮的姑娘　漂亮姑娘（美しい少女）
gūniang

2.2. 連用修飾成分

連用修飾成分として用いられるのは副詞、日時を表す時間詞、形容詞、代名詞、前置詞句、数量詞の重ね型、動詞（句）、慣用句、成語、様々な句などです。

2.2.1. 構造助詞“地”が不要の場合

①副詞が修飾成分となる場合

副詞はそのまま連用修飾成分として用いられます。

请再说一遍。（どうかもう一度言ってください。）

她刚开始学韩语。（彼女は韓国語を学びはじめたばかりです。）
Hányǔ

他们正在开会呢。（彼らは会議中です。）

②時間詞が修飾成分となる場合

年月日や時刻を表す時間詞も、そのまま連用修飾成分として用いられます。時間詞を並べる場合、大きな概念から小さな概念の順番に並べます。日本語の発想と同様です。

我每天早上七点起床。（私は毎朝７時に起きます。）

我们星期天去看电影。（我々は日曜日映画を見に行く。）

③形容詞が修飾成分となる場合

“多”“少”“快”“慢”“早”“晚”などの単音節形容詞も、そのまま連用修飾成分として用いられます。

你们多吃点儿吧！（君たち、もっと食べなさいよ。）

快喝了！（早く飲んでよ。）

④代名詞が修飾成分となる場合

“这么”“那么”“这样”“那样”などの代名詞は、そのまま連用修飾成分として用いられます。

没想到今天这么冷。（予想外に今日はこんなに寒い。）

我没有她那样认真。（私は彼女ほど真面目ではない。）

⑤前置詞句が修飾成分となる場合

前置詞句もそのまま連用修飾成分として用いられます。

我给他打电话。（私は彼に電話をかける。）

我家离车站很远。（我が家は駅まで遠い。）

2.2.2. 構造助詞“地”を用いる場合

①名詞が修飾成分となる場合

名詞が修飾成分となる場合は、構造助詞“地”を用います。これは、名詞に“地”を付けることで、名詞が連用修飾成分として用いられていることを明確にしています。

这个问题我们应该历史地研究一下。（この問題を我々は歴史的に検討すべきである。）

②動詞（句）が修飾成分となる場合

動詞（句）が修飾成分となる場合は、構造助詞“地”を用います。これは、動詞（句）に“地”を付けることで、動詞（句）が述語ではなく、連用修飾成分として用いられていることを明確にしています。

她同情地看着我。（彼女は哀れむように私を見つめている。）

她吃惊地提出了两个疑问。（彼女は驚いた様子で二つの疑問を提起した。）
chījīng

③副詞の修飾を受けた形容詞が修飾成分となる場合

副詞の修飾を受けた形容詞が修飾成分となる場合は、構造助詞“地”を用います。これは、「副詞＋形容詞」構造に“地”を付けることで、「副詞＋形容詞」構造が述語ではなく、連用修飾成分として用いられていることを明確にします。

她很认真地工作。（彼女はとてもまじめに仕事をする。）

孩子们很高兴地跑出来。（子どもたちはとてもうれしそうに走って出てきた。）

2.2.3. 構造助詞“地”を通常用いる場合

構造助詞“地”を通常用いるが、動詞との慣用的な結びつきや使用頻度により、“地”が省略される場合もあります。

①複音節形容詞が修飾成分となる場合

他们努力地工作。（彼らは頑張って働いている。）

孩子们认真地回答老师提的问题。（子どもたちはまじめに先生が出した質問に答えている。）

②形容詞の変化形式が修飾成分となる場合

别着急，慢慢儿地吃吧。（慌てないで、ゆっくり食べなさい。）

今天咱们痛痛快快地玩儿玩儿吧。（今日、私たちは思い切り遊びましょう。）

③数量詞の重ね型が修飾成分となる場合

他们一个一个地检查了一遍。（彼らは一つ一つ一通り検査した。）
jiǎnchá

爸爸一遍一遍地询问我。（父は一回一回私に尋ねる。）
xúnwèn

④成語が修飾成分となる場合

我的朋友无精打采地走进教室来。（私の友人は意気消沈して教室に入ってきた。）
wú jīng dǎ cǎi

你们应该实事求是地解决这些问题。
shí shì qiú shì

（あなた方は事実に基づいてこれらの問題を解決しなければならない。）

ここがポイント！

連体修飾構造を構成する“的”を用いると、その前の単語などが「名詞化」すると考えるといいでしょう。すでに書きましたが、中国語は名詞が名詞を修飾することは比較的自由です。

連用修飾構造を構成する“地”が単語などに付くと「状態化」が明確になり、その結果、述語である動詞や形容詞を修飾しやすくなると考えられます。

練習問題

◇以下の空欄に“的”或いは“地”を入れなさい。

①他是一年级（　　）学生。

②他们很努力（　　）学习日语。

③你们应该科学（　　）解释这种自然现象。

④我爷爷是一个沉默寡言（　　）人。

⑤老师说（　　）话，我还没听懂。

⑥以后年轻人应该好好儿（　　）学习外语。

⑦她是一个很好（　　）学生。

⑧他们急急忙忙（　　）跑了下去。

⑨他是从美国来（　　）留学生。

⑩天气渐渐（　　）冷起来了。

第2章

量詞（名量詞）を覚えよう

1. 中国語の量詞とは

中国語では、数詞と名詞を直接結びつけることはできません。数詞と名詞の間に量詞を入れます。指示代名詞を用いる際は、数詞の前に置きます。名詞と一緒に量詞を覚えましょう。

日本語では「本２冊」「２冊の本」どちらも可能ですが、中国語では“两本书”「数詞」+「量詞」+「名詞」という語順です。また、物などを「二つ」などと数える時には、“二”ではなく、“两 liǎng”を使います。

日本語では「の」が入りますが、量詞の後に“的”は不要です。

〇两 本 书　　×两 书　　×书 两 本　　×二 本 书

本２冊

〇一本书（本１冊）　〇两个人（(ひと) ２人）

×一本的书　　×两个的人

＊指示代名詞（この、あの）は数詞の前に付けます。

这 两 本 书　　那 三 个 学生

この ２ 冊の 本　　あの ３ 人の 学生

ここがポイント！

中国語の量詞の中には、名詞の特徴に着目して、グループ化して用いられる量詞もあります。例えば、「机、ベッド、チケット、紙，写真」は「平らな面を持つ」という名詞の特徴に着目して、“张”を用います。

一张桌子　两张床　三张票　四张纸　五张照片

2. 個体量詞

把：取っ手や握りがあるものを数える。

伞（傘）　刀（ナイフ）　椅子（椅子）　扇子（扇子）
shànzi

本：書物を数える。

书（本）　杂志（雑誌）　词典（辞書）　小说（小説）

部：小型の機器、あるいは映画や車両を数える。

手机（携帯電話）　电影（映画）　轿车（乗用車）
jiàochē

数码相机（デジタルカメラ）

场 cháng：風雨、病気、災害、戦争を数える。

雨（雨）　雪（雪）　感冒（風邪）　战争（戦争）

场 chǎng：映画、演劇などの上演やスポーツ競技の回数を数える。

电影（映画）　比赛（試合）　球赛（球技の試合）　演出（公演）

顶：帽子やテントなど頂があるものを数える。

帽子（帽子）　帐篷（テント）　蚊帐（蚊帳）
zhàngpeng　wénzhàng

个：人や個数として数えられるものを数える。

人（人）　学生（学生）　杯子（コップ）　苹果（リンゴ）

根：細長いものを数える。

针（針）　香烟（タバコ）　火柴（マッチ）

牙签(儿)（つまようじ）
yáqiān(r)

家：お店や企業（主にサービス業）を数える。

书店（書店）　商店（商店）　餐厅（レストラン）　公司（会社）

架：支柱があったり、様々な部品からなる機械を数える。

钢琴（ピアノ）　飞机（飛行機）　照相机（カメラ）

收音机（ラジオ）

间：部屋を数える。

教室（教室）　厨房（キッチン）　客厅（応接間）　书房（書斎）

件：事柄や衣類を数える。

事（事柄）　衣服（服）　毛衣（セーター）　礼物（プレゼント）

颗：粒状のものを数える。

牙（歯）　种子（種）　花生（落花生）　星星（星）
zhǒngzi

块：かたまり状のものを数える。

肉（肉）　橡皮（消しゴム）　手表（腕時計）　手绢（ハンカチ）
shǒujuàn

辆：車両を数える。

卡车（トラック）　自行车（自転車）　摩托车（バイク）

门：学科、科目、技術などを数える。

技术（技術）　专业（専門）　课程（科目）　选修课（選択授業）

片：平たくて薄いものや広々としたものを数える。

肉（スライスした肉）　药（錠剤の薬）

面包（スライスしたパン）　草地（草地、草原）

所：家屋、病院、学校などを数える。

房子（家屋）　医院（病院）　大学（大学）　幼儿园（幼稚園）

台：機械などを数える。

电视（テレビ）　电脑（パソコン）　洗衣机（洗濯機）

照相机（カメラ）

条：細長いものや線状のものを数える。

鱼（魚）　河（川）　领带（ネクタイ）　裤子（ズボン）

张：平らな面を持つものを数える。

票（チケット）　床（ベッド）　桌子（机）

信用卡（クレジットカード）

支：折れにくい棒状のものや歌を数える。

歌（歌）　口红（口紅）　钢笔（ペン）　圆珠笔（ボールペン）

枝：枝や茎付きの花や折れにくい棒状のものを数える。

花（枝付きの花）　箭（矢）　手杖（杖）　玫瑰花（バラの花）
jiàn　shǒuzhàng　méiguihuā

只：鳥や動物、対になっているものの片方を数える。

猫（猫）　鸟（鳥）　熊猫（パンダ）　手套（片方の手袋）

座：どっしりしたものや重厚感がある建築物を数える。

山（山）　大厦（ビル）　车站（駅）　博物馆（博物館）
dàshà

3. 集合量詞

対：対になったものやペアになったものを数える。性別、左右などの関係で二つで一組になっているもの（ペアを個々に分けることができる）。

夫妇（夫婦）　辫子（お下げ）　沙发（ペアになったソファー）
bìanzi

花瓶（花瓶：中国の花瓶は対のものが多い）

副：対になったものや、組み合わせてひとそろいになったものを数える。（ペアを個々に分けることができない）。

眼镜（眼鏡）　耳机（イヤホン）　对联（対になった掛け軸）

扑克（トランプ：セットで使用する）
pūkè

批：まとまった大量のものや多数の人を数える。

商品（商品）　资料（資料）　观众（観衆）　游客（観光客）

群：人や動物の群れなどを数える。

羊（ヒツジ）　猴子（サル）　孩子（子ども）　学生（学生）

双：左右対称の体の部位や対で使われるもの数える。本来、二つでそろいになるもの。

鞋（靴）　筷子（箸）　眼睛（目）　耳朵（耳）

套：組み合わせて一組になるものを数える。

茶具（茶道具）　家具（家具）　课本（教科書）　词典（辞典）

4. 借用量詞

包：袋に入ったものや包まれたものを数える。

糖（砂糖）　茶叶（茶葉）　饼干（ビスケット）　中药（漢方薬）

杯：コップやカップに入ったものを数える。

茶（茶）　啤酒（ビール）　咖啡（コーヒー）　牛奶（牛乳）

盘：皿に盛られたものを数える。

菜（料理）　点心（菓子）　饺子（餃子）　水果（果物）

瓶：瓶に入ったものを数える。

酒（酒）　饮料（飲料）　葡萄酒（ワイン）

矿泉水（ミネラルウォーター）

碗：お椀に盛ったものを数える。

汤（スープ） 粥（粥） 馄饨（ワンタン） 米饭（ごはん）
zhōu húntun

5. 不定量詞

点儿：数詞“一”と結びつき「少し、ちょっと」という少量の不定量を表す。

活儿（仕事） 零钱（小銭） 心意（心情） 印象（印象）

些：数詞“一”と結びつき「いささか、いくらか」というまとまった不定量を表す。

钱（お金） 同学（同級生） 问题（問題） 消息（ニュース）

ここがポイント！

中国語では、文中にしばしば数量表現が入ります。名詞の前に数量表現が入ると、その名詞が概念上の名詞（頭の中でイメージする名詞）ではなく、この世に存在する個体としての名詞であることを認識させます。

我有一辆自行车。（私は自転車を持っている。）

（所有している自転車は、概念上の自転車ではなく、この世に存在する個体としての自転車です。）

他穿着一条牛仔裤。（彼はジーンズをはいている。）

（彼がはいているジーンズは、概念上のジーンズではなく、この世に存在する個体としてのジーンズです。）

他是一个很用功的学生。（彼はとても勤勉な学生です。）

（彼に対して「勤勉である」と評価認定している。評価認定できる対象の学生は、この世に存在する学生です。）

桌子上放着一台电脑。（机の上にパソコンが置いてある。）

（机の上に置いてあるパソコンは、概念上のパソコンではなく、この世に存在する個体としてのパソコンです。）

6. 量詞の重ね型

中国語の量詞は繰り返して重ね型として用いられます。

6.1.「AA 型」

“个个”“件件”のように用いられ、「全部」「すべて」という意味を表す。

他们个个都很用功。（彼らはみな勤勉です。）

她买的衣服件件都很漂亮。（彼女の買った服はどれもみな美しい。）

6.2.「ABB 型」

“一个个”“一件件”のように用いられます。「同じ特徴を持つもの（個々）が足して全体になる」というニュアンスになります。発話者は「全体を意識しながら、個々について」述べていて、「一人ひとりみな」「一つひとつすべて」のような意味になります。

連用修飾成分や連体修飾成分として用いられる

学生们一个个兴高采烈地走进教室来。
xìng gāo cǎi liè

（学生たちは一人ひとりみなとても上機嫌な様子で教室に入って来た。）

日子一天天过去了，小女孩儿渐渐长成了一个漂亮的大姑娘。

（日が一日一日と過ぎ去り、小さな女の子が徐々にきれいな娘に成長した。）

一件件 往事涌上 她的心头。
wǎngshì yǒngshàng

（一つひとつ昔のことが彼女の胸にこみ上げてきた。）

6.3.「ABAB 型」

“一个一个”“一本一本”のように用いられ、「一つひとつ」「それぞれ」のような意味を表す。個々について着目し、同じ性質を持つ集合を意識しています。

連用修飾成分や連体修飾成分として用いられる

书架上摆的是一本一本厚厚的词典。

（本棚に並べられているのは一冊一冊それぞれが分厚い辞書です。）

一串一串的葡萄好像一颗一颗紫色的水晶挂在葡萄架上。
chuàn zǐsè shuǐjīng

（ブドウはひと房ひと房とまるで紫色の水晶のようにブドウ棚にぶら下がっている。）

她们小心地把词典一本一本地摆到书架上。

（彼女たちは辞書を一冊一冊丁寧に本棚に並べて置いた。）

我们一个字一个字地念。（一文字一文字ずつ読んでいきましょう。）

練習問題

1. 以下の空欄に適切な量詞を入れなさい。

①一（　　）山

②一（　　）袜子

③一（　　）手表

④一（　　）钢琴

⑤一（　　）椅子

2. 以下の日本語を中国語に訳しなさい。

①昨夜、彼はビールを３本飲みました。

____

②壁にはポスターが１枚貼ってある。

____

③日曜日、我々は映画を１本見ました。

____

④父は私にワンピースを２着買ってくれました。

____

⑤この事を私は少しも知らない。

____

第3章

前置詞を覚えよう

1. 中国語の前置詞とは

中国語の前置詞は、動作の行われる場所、方向、対象などを表します。動詞由来の前置詞が多いので、語順も「動詞＋目的語」と同様に「前置詞＋後置成分」という語順になります。前置詞は、重ね型にしたり、時態助詞を付けることはできません。

検定試験では、前置詞に関する問題がしばしば出題されます。個々の用法や意味をしっかり覚えましょう。

動詞の例：我在大学。（私は大学にいる。）

前置詞の例：我在大学学习汉语。（私は大学で中国語を学ぶ。）

2. 場所・方向・時間を表す前置詞

在：～で、～に

我们在学生食堂吃午饭。（私たちは学生食堂で昼食を食べる。）

特快列车在下午四点到达。（特急列車は午後4時に到着します。）

从：～から、～より

从我家到学校要一个小时。（うちから学校まで1時間かかります。）

从星期一到星期五都有课。（月曜日から金曜日まですべて授業がある。）

离：～から、～まで（二点間の隔たりを表す）

我家离车站不太远。（我が家は駅からあまり遠くない。）

现在离期末考试有一个星期。（期末テストまで一週間あります。）

ここがポイント！

「あなたの家は駅からどのくらいの距離がありますか。」を中国語に訳すと①と②の両方が可能です。ただし、発話の際に、ポイントの違いがあります。

①你家离车站有多远?

②从你家到车站有多远?

①は“离”が用いられています。後ろに置かれた“车站”が距離を測る「基点」となります。“离”を用いると「あなたの家」と「駅」とを線でつなぐような距離にポイントが置かれます。客観的な距離感を述べています。

②は“从”と“到”が用いられています。“从”が「起点」で、“到”が「終点」を表します。線でつなぐような距離ではなく、「起点」と「終点」にポイントが置かれます。

“从”と“到”を用いると、“从你家到车站你怎么去？（あなたの家から駅まで、どうやって行くの。）”“从你家到车站的路上有便利店吗？（あなたの家から駅までの途中にコンビニがありますか。）”という表現ができます。これらは、「起点」と「終点」を明確にし、そこを具体的に移動する場面などで用いられます。

向：～へ、～に向かって

从这里，向右拐，就是。（ここから右へ曲がると、すぐそこです。）

明天我向老师借一本词典。（明日、私は先生に辞書を借ります。）

往：～へ、～に向かって

一直往前走，到了路口，往左拐，就是银行。
（まっすぐ前へ行き、交差点に着くと、左に曲がるとそこが銀行です。）

我女朋友往咖啡杯里放了两块方糖。
（ガールフレンドはコーヒーカップに角砂糖を二つ入れた。）

朝 cháo：～へ、～に向かって

一直朝前走一会儿就能到便利店。
（まっすぐ前へしばらく歩くと、コンビニに着きます。）

我女儿朝我挥了挥手。（娘が私に向かってちょっと手を振った。）
挥 huī

ここがポイント！

“向”“往”“朝”について

①移動を伴う動作の方向を述べる場合は、“向”“往”“朝”のいずれも使えます。
“一直往（向，朝）前走，到了路口，往（向，朝）左拐，就是银行。”

②“我们要向他学习。（私たちは彼に学ばなければならない。）”
このような文では、“向”を“往”“朝”に置き換えることはできません。

③“我女朋友往咖啡杯里放了两块方糖。”
このような文では、“往”を“向”“朝”に置き換えることはできません。

④“大门朝北开。（正門は北側にある。）”
このような文では、“朝”と“向”は置き換え可能です。しかし、“往”に置き換えることはできません。

3. 対象を表す前置詞

给：～に、～のために

我还没给她发邮件。（私はまだ彼女にメールを送っていない。）

我爸爸给我买了一部电子词典。（父は私のために電子辞書を買ってくれた。）

对：～に対して

运动对身体很好。（スポーツは体に良い。）

他对中国历史很感兴趣。（彼は中国の歴史にとても興味がある。）

跟：～と

我想跟他结婚。（私は彼と結婚したい。）

这个问题我想跟他们讨论一下。（この問題は私は彼らと討論したい。）

和：～と

我和她一块儿去图书馆。（私は彼女と一緒に図書館に行く。）

我和朋友一起去看电影。（私は友人と一緒に映画を見に行く。）

替：～のために、～に代わって

请替我向您家里人问好。（どうか私に代わって、ご家族によろしくお伝えください。）

请别替我担心。（どうか私の事で心配しないで下さい。）

为：～のために

我妈妈为我买了一件大衣。（母は私のためにコートを買ってくれた。）

他经常为大家出好主意。（彼はしばしば皆のためにグッドアイディアを出してくれます。）

对于：～に対して

对于这个问题，我很感兴趣。（この問題に対して、私はとても興味がある。）

听说他对于这个计划没有意见。
（聞くところによると、この計画に対して、彼は意見がないようだ。）

关于：～に関して

关于学习上的问题，我们还要听听你们的意见。
（学習上の問題に関して、我々は更にあなた方の意見を伺いたい。）

关于这件事，我们应该跟你们商量一下。
（この事に関して、我々はあなた方と相談すべきである。）

ここがポイント！

1. 前置詞句の否定副詞の位置について

①"给""把""被""叫""让"などの前置詞が用いられ、述語が動態的な場合、否定副詞"不""没"を前置詞の前に置きます。

○今天我没给她发邮件。　×今天我给她没发邮件。

○我还没把作业做完。　×我把作业还没做完。

②前置詞"对""离"などが用いられ、且つ述語が静態的な場合は、否定の副詞"不""没"を述語の前に置き、否定します。

"对"は対象を導く前置詞です。"离"は基点を導く前置詞です。

前置詞の前に否定副詞を置くと、対象や基点までも否定することになるので、対象や基点が定まらず、文として成立しません。

○我对足球不感兴趣。　×我不对足球感兴趣。
（選択対象のサッカーも否定している。）

○我家离车站不远。　×我家不离车站远。
（基点対象の駅も否定している。）

2. "向"と"对"について

①以下のような例では、対象を導くだけなので、"向"も"对"も使えます。

她向 / 对我笑了笑。（彼女は私にちょっと微笑んだ。）

②以下のような場合は、互いに置き換えることはできません。

我向他表示感谢。（私は彼に感謝の意を表す。）

他对我很热情。（彼は私に対して親切です。）

"对"は対象を導くだけ、別の言い方をすると、対象を確定するだけです。"对"には「対象への動きや働きかけ」を感じません。一方、"向"はどうでしょうか。「感謝の意」を表す対象を「彼」であると確定しているだけでなく、「感謝の意」を表すために、「私」が「彼」の方へ働きかけています。"向"はまさに「向かう」という意味を持つ単語です。「対象への動きかけや動き」を感じ取ることが大切です。

3. "跟 / 和"と"对"について

"对"を用いる場合と"跟 / 和"を用いる場合では、以下のような違いが出ます。

我对他说：～。（私が彼に話をしている。一方的。）

我跟 / 和 他说：～。（私も話すが、彼も話をする。双方向的。）

したがって、"商量（相談する）"という動詞と一緒に使われる前置詞は、双方向的な"跟 / 和"となります。

这件事我想跟他们商量商量。（この件は私は彼らとちょっと相談したい。）

4. 目的・原因・理由を表す前置詞

为了：～のために

为了学好汉语，我们应该努力学习。
（中国語をマスターするために、我々は一生懸命勉強しなければならない。）

由于：～のために

由于工作关系，我爸爸常去上海出差。（仕事の関係で、父はよく上海に出張します。）

5. 方式・手段を表す前置詞

用：～で、～を用いて

用邮件跟我联系一下，好吗？（メールで私に連絡をして頂けますか。）

通过：～によって、～を通じて

通过这次考试，我感到自己的英语水平还很低。
（今回のテストを通じて、私は自分の英語のレベルがまだ低いと感じた。）

按照：～に基づいて

我按照地图找到了朋友的家。（私は地図によって友人の家を探し当てた。）

根据：～に基づいて、～によって

根据大家的建议，这次旅行先去西安。
（皆さんの意見によって、今回の旅行はまず西安に行く。）

6. その他の前置詞

除了：～を除いて、～のほかに

除了我以外，她也会说汉语。（私以外に彼女も中国語を話せる。）

除了他以外，大家都不会开车。（彼を除いて、みな車の運転が出来ない。）

连：～さえも

我工作很忙，连星期天也不休息。（私は仕事が忙しくて、日曜日さえも休めない。）

我连她的名字也不知道。（私は彼女の名前さえも知らない。）

練習問題

1. 以下の空欄に適切な前置詞を入れなさい。

①(　　) 我家到超市要三十分钟。

②现在（　　）暑假有一个月。

③精神压力（　　）身体不好。

④我每天晚上（　　）妈妈打电话。

⑤我想（　　）他见面。

2. 以下の日本語を中国語に訳しなさい。

①私の家から学校までは、1時間半かかります。

____

②クリスマスまでまだ1ヶ月あります。

____

③私は芝居に興味がない。（“戏剧” を用いる）

____

④彼はコンビニでアルバイトをしている。

____

⑤日曜日、私は彼女と一緒にウインドウショッピングに行く。（“逛商店” を用いる）

____

⑥「携帯電話」を中国語でどのように言いますか。

____

⑦彼女はダイエットのために、毎日ジョギングをする。（“减肥” と “跑步” を用いる）

____

⑧あの事に関して、私が思うに彼とは関係がない。（“关于” と “认为” を用いる）

____

⑨今日、私はちょっと具合がよくない、食事さえもしたくない。（“连～都～” を用いる）

____

⑩サッカー以外に、私は野球をするのが好きです。（“除了～以外” と “还” を用いる）

____

第4章

助動詞を覚えよう

1. 中国語の助動詞とは

中国語の助動詞は、動詞の前に置き、能力、可能、願望、義務、必要などの意味を表します。否定形は一般的に助動詞の前に“不”を用います。一部の助動詞には“没”を用いることもできます。

中国語では能願動詞と言います。一般的な動詞と同様に、「肯定形＋否定形」の反復疑問文も作れます。また、回答時に単独で用いる事もできます。

助動詞の個々の用法と意味をしっかり覚えましょう。

2. 能力・可能を表す助動詞

2.1. 能力・可能を表す助動詞“会”

①“会”は練習や勉強の結果、技能を習得して「できる」と言う場合に用いられます。具体的には、外国語・スポーツ・楽器・車の運転・酒・タバコなどの動作が「できる」「できない」と言う場合に使用されます。否定形は“不会”で、反復疑問文は“会不会”となります。

你会开车吗?（あなたは車を運転できますか。）

我不会开车。（私は車を運転できません。）

你会说汉语吗?（あなたは中国語を話せますか。）

我会说一点儿汉语。（私は中国語を少し話せます。）

（反復疑問文）你会不会游泳?（あなたは泳げますか。）

（肯定）我会游泳。（私は泳げます。）

（否定）我不会游泳。（私は泳げません。）

②「買い物をする」「料理をする」のように一般的な動作“会”を付けると、「その動作をするのが上手です。」という意味になります。程度副詞の“很”を付けて、程度を強調することもできます。

她很会买东西。（彼女は買い物上手です。）

他很会做菜。（彼は料理が得意です。）

我不会交朋友。（私は人づきあいが苦手です。）

2.2. 能力・可能を表す助動詞“能”

①能力として身についていて「できる」

“能”が表す「身についていてできる」「能力として備わっていてできる」とは、どのような事でしょうか。会話の場面で、考えてみましょう。

「私は～ができます」と他人に述べる場合、通常「できるレベル」は、人並み以上にできることが必要なのではないでしょうか。「できるレベルが他人と同等レベル」や、「ちょっとしかできないレベルの人」があえて他人に「できる」とアピールする必要はありません。

「他人よりも私は～ができる」とアピールするのですから、人並み以上にできなければ、それは虚言となります。つまり、“能”は、「できる」内容を具体的に述べる場面や、「できる」内容を個別的かつ詳細に述べる時に使うのです。

我能游一百米。（私は100m泳ぐことができる。）

她能看中文报。（彼女は中国語の新聞を読むことができる。）

（反復疑問文）你能不能当翻译？（あなたは通訳ができますか。）

（肯定）我能当翻译。（私は通訳ができます。）

（否定）我不能当翻译。（私は通訳ができません。）

②個別的条件・具体的な条件のもとで「できる」

自分と関わる個別的・具体的条件のもとで「できる」「できない」を表します。

明天你能来吗？（明日あなたは来ることができますか。）

明天我能来。（明日私は来ることができる。）

对不起，明天我有事儿，不能来。
（ごめんなさい、明日私は用事があるので、来ることができません。）

我会游泳，不过，今天感冒了，不能游。（私は泳げるが、今日は風邪をひいたので、泳げない。泳ぐという技能は会得しているが、風邪をひいた、という個別的な条件）

ここがポイント！

“会”と“能”について

「外国語やスポーツなど」が単純に「できる」と言う場合は、“会”がよく用いられます。具体的に「どのくらいできる」かを述べる場合は、“能”が使われます。発話の場面で考えると、相手の事をよく知らない状況での第一の発話時には、“会”を用います。相手の事をよく知らない状況で、いきなり詳細な事を相手に尋ねるのは失礼になります。単純な事から聞いて、それを受けて徐々に様々な事、詳細な事を話題にして行くのが、一般的な会話の進め方ではないでしょうか。泳げるかどうか知らない相手に、いきなり「あなたは1,000m泳げますよね？」とは尋ねないと思います。「泳げるか、泳げないか」を単純に尋ねる時は、まず“会”を使います。その後、「具体的に～ができる」「個別的に～ができる」事を述べる時は、“能”を用います。

以下に例を挙げます。

我会游泳。（単に泳げるという意味を伝える。疑問に対する答え。）

我会喝酒。（単に酒というものが飲めるという意味を伝える。疑問に対する答え。）

我能游一百米。（具体的にどれくらいできるかを述べている。）

我能喝葡萄酒。（個別的具体的な事に対して「できる」を述べている。単に「酒というもの」ではなく、個別的な酒（ワイン）を飲めるという場合。）

さらに“能”は「能力の回復」にも用いられます。二足歩行は、赤ちゃんの時に習得します。しかし、病気やけがで歩けなくなった後に、病気やけがから回復して再び歩けるようになった、という場面では“能”を使います。

我儿子会走了。（息子が初めて歩いた。息子が歩けるようになった。）

她病好了，能走路了。（彼女は病気が良くなり、歩けるようになった。）

2.3. 能力・可能を表す助動詞“可以”

①客観的条件のもとで「できる」

客観的条件とは、規格、自然条件や地理的条件、または社会のルールや法律なども、客観的条件になります。このような条件のもとで「できる」「できない」を言う時に“可以”が用いられます。また、“能”に置き換え可能な場合もあります。

这个操场可以打棒球。（このグラウンドは野球ができる。）

这辆车可以坐六个人。（この車は６人乗ることができる。）

到了冬天，这里可以滑冰。（冬になると、ここではスケートができる。）

②許可「～してもよい」

発話者が関わることができないルールや法律がある場合、「発話者が行おうとする行為」をしても良いか、相手に尋ねる必要があります。そこから、「許可（～してもよい）」の意味が生じます。

这儿可以踢足球吗？（ここでサッカーをやってもいいですか。）

这儿不能（不可以）踢足球。（ここでサッカーをやってはいけません。）

这里可以照相吗？（ここで写真を撮ってもいいですか？）

这里可以照相。（ここで写真を撮ってもいいです。）

（反復疑問文）这里可（以）不可以照相？（ここで写真を撮ってもいいですか？）

＊口語では“可不可以～？”も用いられます。

（肯定）这里可以照相。（ここで写真を撮ってもいいです。）

（否定）这里不能（不可以）照相。（ここで写真を撮ってはいけません。）

ここがポイント！

「～してはいけない」という不許可・禁止表現は、“不可以”“不能”が使えます。ただし、普通話では“不能”が多用されます。単独で「ダメ」と言う時は、“不行”が使われます。

3. 意志・願望を表す助動詞

3.1. 意志・願望を表す助動詞“想”

“想”は「～したい」とい意志・願望を表します。「～と思う」という動詞の意味もあります。「～したくない」という否定形は“不想”です。

你想吃什么？（あなたは何を食べたいですか。）

我想吃四川菜。（私は四川料理が食べたいです。）

我不想喝啤酒。（私はビールを飲みたくない。）

（反復疑問文）你想不想去中国？（あなたは中国に行きたいですか。）

（肯定）我想去中国。（私は中国に行きたい。）

（否定）我不想去中国。（私は中国に行きたくない。）

ここがポイント！

1. “想”は「単なる思いからの～したい」という意味なので、“很”や“非常”などの程度副詞で修飾可能です。“我很想喝咖啡。”

2. 前置詞句文と助動詞について
“我在大学学习汉语。”のような前置詞句が文中にある場合、助動詞を置く位置に注意しましょう。

○我想在大学学习汉语。　×我在大学想学习汉语。

3.2. 意志・願望を表す助動詞“要”

“要”も意志・願望を表します。“想”は「単なる思いからの～したい」という意味ですが、“要”は「意志を持って～したい、～しようと思う」という意味を感じ取るとよいです。「必要とする」という動詞の意味もあります。否定形は“不要”ではなく、“不想”です。“不要”は「～してはいけない」という禁止の意味になります。

“要”は「意志を持って～したい、～しようと思う」という意味なので、“很”や“非常”などの程度副詞を用いての修飾はできません。“一定（きっと、必ず、ぜひとも）”は“要”と一緒に用いることができます。

我一定要去中国留学。（私はぜひとも中国に留学に行きたい。）

我要跟她一起去看电影。（私は彼女と一緒に映画を見に行きたい。）

我不想去逛街。（私は街をぶらつきたくない。）
guàngjiē

3.3. 意志・願望を表す助動詞“愿意”

“愿意”も「～したい」という意味を表します。“愿意”は「願望プラス意欲」というニュアンスがあります。つまり「自ら進んで～したい、喜んで～したい」という場合に用いられます。否定形は“不愿意”です。また“很”や“非常”などの程度副詞で修飾することもできます。

你愿（意）不愿意和他们一块儿去?（あなたは彼らと一緒に行きたいですか。）

我不愿意吃汉堡包。（私はハンバーガーを食べる気がしない。）
hànbǎobāo

我很愿意去国外工作。（私はぜひとも海外に行き仕事をしたいです。）

3.4. 意志・願望を表す助動詞“敢”

“敢”は「思い切って～する、あえて～する。」という意味を表します。否定には“不”を用いますが、“没（有）”が使える場面もあります。

刚来中国时，我不敢跟中国人说汉语。
（中国に来たばかりの頃、私は思い切って中国人と中国語で話せなかった。）

你们应该敢想敢干。（あなた方は大胆に考え、思い切って行動すべきである。）

ここがポイント！

“能”と“敢”の否定について

“能”と“敢”の否定は、“不”が用いられます。しかし、“没”が使える場合があります。

她一直没能理解我。（彼女は一貫して私の事を理解出来なかった。）

这件事我没敢告诉她。（この事を私は彼女に言えなかった。）

3.5. 意志・願望を表す助動詞“肯”

“肯”は「障害を排除して～する、すすんで～する」という意味を表します。“敢”と“肯”の意味を間違えて覚えているケースが見受けられます。しっかり、意味を覚えましょう。否定には“不”を用います。

不管我们怎么说，她也不肯听。（我々がどんなに言っても、彼女は聞こうとしません。）

他从来不肯说假话。（彼はこれまでずっとうそをついていません。）

4. 必要・義務を表す助動詞

4.1. 必要・義務を表す助動詞「～する必要がある」“要”

助動詞“要”の意味は、「～する必要がある」「～しなければならない」です。否定は“不要”ではありません。“不要”は「～してはいけない」という「禁止」の意味になります。否定の「～する必要はない」は、“不用“不必”“用不着 yòngbuzháo”を用います。口語或いは書面語で使用されます。

今天我要在家做作业。(今日私は家で宿題をしなければならない。)

去动物园要坐地铁吗?(動物園に行くには、地下鉄に乗る必要がありますか。)

去动物园不用坐地铁。(動物園に行くには、地下鉄に乗る必要はありません。)

4.2. 必要・義務を表す助動詞「～しなければいけない」“得 děi”

助動詞“得”は「情理上、実際上の観点から～しなければいけない」という意味で、口語で用いられます。否定には、“不用”“不必”“用不着”を用います。

你得好好儿休息。(あなたはしっかり休まなければいけない。)

这件事我们得跟大家商量一下。(この事は我々は皆さんと相談しなければならない。)

4.3. 必要・義務を表す助動詞「～しなければいけない」「当然～すべき」“应该”

助動詞“应该”の意味は、「当然～すべき」「道理からいって～しなければならない」です。否定は“不应该”「～すべきではない」となります。

以后年轻人应该学习外语。(今後、若者は外国語を学ばなければならない。)

手机号码你不应该通知他。(携帯の番号をあなたは彼に知らせるべきではない。)

4.4. 必要・義務を表す助動詞「当然～すべき」“该”

助動詞“该”の意味は、「当然～すべき」です。否定は“不该”「～すべきではない」となります。

时间不早了,我该告辞了。(もう遅いので、おいとまします。)

你不该一个人去买东西。(あなたは一人で買い物に行くべきではない。)

5. 可能性を表す助動詞

5.1. 可能性を表す助動詞“会”

“会”には「～するはずだ」「～だろう」という可能性を表わす意味もあります。

明天会下雨。(明日は雨が降るだろう。)

现在我爸爸不会在家里。(今、父は家にいるはずがない。)

他们一定都会赞成的。(彼らは必ずみな賛成するだろう。)

＊「確定・断定」の語気助詞“的”を伴う事もあります。

5.2. 可能性を表す助動詞「〜するはずだ」「〜だろう」“能”

这件事谁都知道，他能不知道吗?

(この事は誰でも知っているのだから、彼が知らないはずがない。)

5.3. 可能性を表す助動詞「〜がありえる」「〜だと推測する」“得”

你们再不走，准得迟到。(君たちもう出かけないと、きっと遅刻しますよ。)

zhǔnděi

5.4. 可能性を表す助動詞「根拠をもとに当然〜するはずだ」“应该”

否定には“不应该”ではなく、“不会”を用います。

听到这个消息，她应该放心了。(このニュースを聞いたら、彼女は安心するはずだ。)

5.5. 可能性を表す助動詞「根拠をもとに当然〜するはずだ」“该”

都五点了，孩子该回来了。(もう5時だから、子どもが帰って来るはずだ。)

練習問題

1. 以下の空欄に適切な助動詞を入れなさい。

敢　会　肯　能　可以

①我不（　　）开车。(私は車の運転ができない。)

②我（　　）看英文报。(私は英語の新聞を読むことができる。)

③这儿（　　）踢足球吗?(ここでサッカーをしてもいいですか。)

④他始终不（　　）坐下。(彼は最後まで座ろうとしなかった。)

⑤我没（　　）说他们的情况。(私は彼らの状況をあえて話せなかった。)

2. 以下の日本語を中国語に訳しなさい。

①私の母はベトナム料理を作ることができます。(“会”を用いる)

____

②私は泳げるが、しかし、今日体の具合が悪いので、泳げません。(“会”と“不能”を用いる)

____

③明日、私は時間があるので、彼女と一緒に空港に行くことができます。（“能”を用いる）

____

④私は英語ができるにはできるが、まだ通訳はできません。（“会”と“能”及び“当翻译”を用いる）

____

⑤北京から上海へ行くのに、あなたは飛行機で行っても良いし、列車で行っても良いです。（“可以”を用いる）

____

⑥この問題は我々は彼らと少し検討しなければならない。（“应该”と“研究一下”を用いる）

____

⑦私はあなたに一つお教えいただきたいことがあります。（“向”と“想”及び“请教”を用いる）

____

⑧彼女はずっと自分の誤りを認めようとしなかった。（“不肯”と“承认”を用いる）

____

⑨仕事が忙しすぎて、私はあえてテレビを見る気もしない。（“不敢”を用いる）

____

⑩もしも成績が悪いと、先生はまた私を叱るはずだ。（“该～了”と“批评”を用いる）

____

第5章

副詞を覚えよう

1. 中国語の副詞とは

中国語の副詞は、動詞や形容詞の前に置き、否定、程度、範囲、時間、頻度、語気などの意味を表します。“大概（たぶん）”“恐怕（恐らく）”“难道（まさか〜ではあるまい）”などの発話者の心的態度を表す二音節副詞は、文頭に置くことも可能です。“不”や“没（有）”などの一部の副詞を除いて、副詞は単独では用いることが出来ません。

ここでは、検定試験などでしばしば用いられる副詞を解説します。

2. 否定を表す副詞

2.1. 否定を表す副詞“不”

①これから発生するかもしれない事態の否定や意志の否定

明天我不去学校。（明日、私は学校に行かない。）

我不喜欢上网聊天儿。（私はネットでチャットをするのが好きではない。）

②恒常的・習慣的な動作行為の否定

她从来不迟到。（彼女はこれまで遅刻をしたことがない。）

他不抽烟，也不喝酒。（彼はタバコも吸わず、お酒も飲まない。）

③非動作性動詞、形容詞、助動詞の否定

我不是留学生。（私は留学生ではない。）

我最近不忙。（私は最近忙しくない。）

我不会说俄语。（私はロシア語が話せない。）

ここがポイント！

“不～了”について

“不～了”は、“不”が「～しない」という意味を表し、且つ語気助詞の“了”の表す意味が「現状確認・現状認識をして～になる、～となった」です。従って、“不～了”は「～するのをやめる」「～しないことにする」という意味になります。

我不吃了。（私は食べるのをやめる。）

今天我不去公园了。（今日、私は公園に行かないことにする。）

2.2. 否定を表す副詞“没（有）”

①“有”は「所有状態」を表しているので、“没”で否定します。

今天我没有时间。（明日、私は時間がない。）

教室里没有学生。（教室には学生がいない。）

②結果補語が付いた動詞も「動作そのもの」ではなく、「結果状態」になっているので“没”“没有”で否定します。

这本书我没看完。（この本を私は読み終えていない。）

我买了半天，但是还没买到。（私はしばらく買い求めたが、まだ手に入れられていない。）

③実現済の動作行為を否定したり、既に発生した出来事を否定する際も“没”“没有”で否定します。

我没去过泰国。（私はタイに行ったことがない。）

他今天没来上课。（彼は今日、授業に来なかった。）

3. 範囲を表す副詞

3.1. 範囲を表す副詞“都”

①“都”の前に置かれた複数の事柄を統括し、明確にする。「みんな」「すべて」

我们都是大学生。（我々は皆、大学生です。）

我朋友每年都去国外旅行。（私の友人は毎年海外旅行に行きます。）

②疑問詞疑問文で、答えに複数のことが予想される場合、疑問詞と意味上，関わる“都”を使います。

你都去过哪些地方？（あなたはどことどこに行きましたか。）

这件事你都告诉谁了？（この事をあなたは誰と誰に言いましたか。）

③“都”と語気助詞の“了”を用いて、「もう～になった」という意味を表します。

都六点了，我该回家了。（もう6時なので、私は帰ります。）

4. 時間を表す副詞

4.1. 時間を表す副詞“就”

①“就”の基本的な意味は、「すぐ」ということです。

她马上就回来。（彼女はもうすぐ帰ってくる。）

②「すでに、もう」

上初中时我就爱上足球了。(私は中学の頃からもうサッカーが好きになった。)

③「～すると、すぐに～」

一到车站，我就给你发邮件。(駅に着いたら、すぐにあなたにメールを送ります。)

我洗了澡就睡。(私はお風呂に入ったら、すぐに寝ます。)

④接続詞と呼応して用いられる。

你只要努力学习，就能学好外语。
(あなたは努力して勉強しさえすれば、外国語をマスターできる。)

要是下雨，我们就不去公园了。
(もしも雨なら、私たちは公園に行かないことにする。)

你既然有病，就好好儿休息吧。(あなたは病気なのだから、ちゃんと休みなさい。)

4.2. 時間を表す副詞“才”

①“才”は、「ようやく、やっと」という意味です。“就”は事柄や条件が順調に接続する感覚です。しかし、“才”は事柄や条件がねじれているが、それが「ようやく、やっと」解消した感覚です。

我哥哥十点才起床。(兄は10時にようやく起きた。)

②「～したばかり」

我弟弟才从学校回来。(私の弟は学校から帰宅したばかりです。)

③「わずか」

他们班才十个学生。(彼らのクラスは学生がわずか10人です。)

④接続詞と呼応して用いられる。

你只有认真学习，才能学好汉语。
(真面目に勉強してこそ、やっと中国語をマスターできる。)

除非你亲自去请她，她才会来。
(あなたが自ら行って彼女を招いてこそ、彼女はようやく来るだろう。)

ここがポイント！

副詞“才”を用いた文を日本語に訳すと、「やっと～した」となります。「～した」という意味が読み取れますが、文末の語気助詞の“了”は通常用いる必要はありません。

○他晚上十一点才回来。　×他晚上十一点才回来了。

4.3. 時間を表す副詞“刚”“刚刚”

“刚”は、「～したばかり、いましがた」という意味です。動作や状態の発生が発話者にとって「発生したばかり、つい先ほど」と感じられる場合に用いられます。

我姐姐刚回来，还没换衣服。（私の姉は帰宅したばかりで、まだ着替えていない。）

她坐的飞机刚刚起飞。（彼女が乗った飛行機は離陸したばかりです。）

ここがポイント！

①副詞“刚”を用いた文を日本語に訳すと、「たった今～した」と訳せることもあります。しかし、通常、語気助詞の“了”を文末に付けません。

〇爸爸刚从公司回来。　×爸爸刚从公司回来了。

②“刚”と“刚才”の違いについて

“刚”は動作や状態の発生が「～したばかり、つい先ほど」というのが基本的意味です。“刚才”は「たった今」という時点を表します。

“刚”：副詞。通常文末に“了”を付けません。「～したばかり」とはつまり、「動作が発話時より前に終わっている」ことを表しているので、“了”を付ける必要がありません。

“刚才”：名詞（時間詞）。名詞で「たった今」という時点を述べているので、文末の語気助詞の“了”を付けられます。主語の前に置くことも可能です。

刚才爸爸回来了。（さっきお父さんが帰って来た。）

“刚才”は連体修飾成分になることが出来ます。

刚才的话你都记住了没有？（先ほどの話をあなた全て覚えていますか。）

“刚才”は「時点」を述べているので、否定表現にも用いられます。“刚”は動作や状態の発生が「～したばかり、つい先ほど」という意味なので、否定表現には用いられません。

你们刚才怎么不说？（あなた方はさっきなぜ言わないの。）

5. 頻度・重複を表す副詞

5.1. 頻度・重複を表す副詞“也”

①「～もまた」コピーする感覚です。

我学汉语，她也学汉语。（私は中国語を学ぶ、彼女も中国語を学ぶ。）

我学汉语，也学英语。（私は中国語を学ぶし、英語も学ぶ。）

②婉曲の語気を表す。

他的汉语水平也就这样。（彼の中国語のレベルはまあこんなものだよ。）

他写汉字写得也还可以。（彼が書く漢字はまあまあです。）

③接続詞と呼応して用いられる。

这件连衣裙不但样子好，价钱也不贵。
（このワンピースはデザインも良く、値段も高くない。）

就是我有空儿，也不想逛商店。
（私はたとえ暇があっても、ウインドウショッピングをしたくない。）

我宁可不睡觉，也要看足球比赛。
nìngkě
（私は眠らなくても、サッカーの試合を見るつもりだ。）

5.2. 頻度・重複を表す副詞"还"

①"还"は、「また、さらに」という意味です。「また」という意味ですが、「状態が持続し、上乗せする、累加する、順番に拡大する」というニュアンスを読み取ると良いでしょう。「差を際立たせる機能」もあるので、比較文にも用いることができます。

她学汉语，还学法语。（彼女は中国語を学び、さらにフランス語も学ぶ。）

你还要什么?（さらに何が要りますか。）

今天比昨天还冷。（今日は昨日よりさらに寒いです。）

②「依然として、まだ、なお」

他还没来。（彼はまだ来ていない。）

他还在食堂。（彼はまだ食堂にいる。）

③累加・添加表現"除了～以外，还～"「～以外にさらに～」

她除了西瓜以外，还喜欢吃桃子。（彼女はスイカのほかに、桃を食べるのも好きです。）
xīguā táozi

④接続詞と呼応して用いられる。

她不但会说法语，而且还会说西班牙语。
（彼はフランス語が話せるだけでなく、さらにスペイン語も話せる。）

5.3. 頻度・重複を表す副詞"再"

①"再"は、「また」という意味です。現在から未来の動作（これから行われる動作）について、同じ動作が繰り返されることを表します。

我明天再来。（私は明日また来ます。）

欢迎你们再来中国。（あなた方のまたの中国へのお越しを歓迎します。）

②“先～再～”「まず～してからそれから～)」

我们先去看足球比赛，再去吃晚饭。

(我々はまずサッカーの試合を見てから、それから夕飯を食べに行く。)

③“等～再～”「～してからそれから～」

等她回来以后再商量，好不好？(彼女が帰ってきてから、相談するのはいかがですか。)

④「もうこれ以上」

都八点了，再不走就赶不上了。(もう8時だ、もう出かけないと間に合わなくなるよ。)
gǎnbushàng

ここがポイント！

“还”と“再”の違いについて

“还”：疑問文に使える。你明天还来吗？（あなたは明日また来ますか。）
助動詞の前に置く。我还要再看一遍。(私はさらにもう一度読みたい。)

“再”：疑問文には使えない。疑問の時点で、その動作が繰り返されるか分からないので使えない。
×你明天再来吗？

動詞の前に置く。
我还想再去一次天津。(私はさらにもう一度天津に行きたい。)

5.4. 頻度・重複を表す副詞“又”

①“又”は、「また」という意味です。すでに終了・実現した動作の繰り返しに用いられます。

他昨天迟到了，今天又迟到了。(彼は昨日遅刻して、今日また遅刻した。)

②「また更に、また今度は」ある動作の後に、別の動作が実現したことを表します。

昨天我们先去商场买东西，然后又看了一场电影。

(昨日、我々は先ずマーケットへ買物に行き、その後、更に映画を見た。)

③周期的な事や予測される出来事に用いられます。“又～了”の形で用います。“明天”や近未来表現“要～了”のような単語があっても“又”が使われるので注意しましょう。

明天又是星期天了。(明日はもう日曜日だ。)

听说过两天又要下雨了。(聞くところによると数日したら、また雨が降るようだ。)

④逆接や否定の語気を強調する。

心里有很多话想说，却又说不出来。
què

(言いたいことはたくさんあるが、言い表わせない。)

你又不是我父亲，我的事儿不用你管。
（あなたは私の父親ではないのだから、私の事に関わる必要はないよ。）

⑤“又～又～”「～でもあり～でもある」
他妹妹又漂亮又聪明。（彼の妹はきれいで頭が良い。）

ここがポイント！

“又”と“再”の違いについて

“又”：すでに終了・実現している動作の繰り返しに用いる。
今天又下雨了。（今日もまた雨が降った。）

助動詞の前に置ける。
冬天到了，天气又要冷了。（冬になったから、また寒くなる。）

“再”：これから行われる動作の繰り返しに用いる。
请再说一遍。（どうかもう一度言って下さい。）

練習問題

1．以下の空欄に適切な助動詞を入れなさい。

刚　还　就　再　又

①我马上（　　）给她发邮件。（私はすぐに彼女にメールを送る。）

②我朋友（　　）开始学习俄语。（私の友人はロシア語を勉強し始めたばかりです。）

③北海道比东京（　　）冷。（北海道は東京よりもさらに寒い。）

④明天（　　）是周末了。（明日はもう週末だ。）

⑤我先洗澡，然后（　　）睡觉。（私はまず風呂に入り、その後寝ます。）

2．以下の日本語を中国語に訳しなさい。

①彼女が話すフランス語は流暢で正確だ。（“又～又～”“正确”を用いる）

____

②妹は韓国語を勉強し始めたばかりです。（“刚”を用いる）

____

③私は時間がありさえすれば、映画を見に行く。（“只要～就～”を用いる）

____

④あなたはより多く聞き、より多く話してこそ、やっと会話の能力を高めることが出来る。（“只有～才～”と“提高”を用いる）

⑤大学生以外に何人かの留学生もいる。（“除了～以外，还～”を用いる）

⑥もしも高すぎるのであれば、私は買うのをやめる。（“要是～就～”を用いる）

⑦たとえ両親が反対しても、私は留学に行きたい。（“就是 / 即使～也～”と“反对”を用いる）

⑧私はどこに行くにしても、デジタルカメラを持っている。（“不管～都～”と“数码相机”を用いる）

⑨私は忙しすぎて、昼ご飯を食べる時間さえもない。（“连～都～”を用いる）

⑩彼女はこの事を少しも知らない。（“一点儿也不～”を用いる）

第6章

時態助詞“了”と語気助詞の“了”を覚えよう

1. 時態助詞の“了”

中国語の時態助詞の“了”は、動詞の後ろに置かれ、動作の完成・実現を表します。中国語の一般的な動作動詞は「持続可能な動作」を表しています。別の言い方をすると「動作そのもの」を表しています。つまり、動詞自身に「動作の限界点」を持っていません。このような特徴を持つ動作動詞にいきなり時態助詞の“了”を付けても、完了・実現を表す文として成立しません。

ではどのようにすれば、時態助詞の“了”を用いることができるのでしょうか。それは、文中に「数量」「動量（回数）」「時間量」などの数量語句を入れて、「動作の限界点」を明確にする必要があります。

以下に例を挙げます。

①数量を用いた文。　　　　　　我看了一本书。
②動量（回数）補語を用いた文。　我看了一遍书。
③時間量補語を用いた文。　　　我看了一个小时书。
④範囲（数量）限定成分を用いた文。　我看了昨天买的书。
⑤結果補語を用いた文。　　　　这本书我看完了。

①は文中に数量“一本”が入り、“书”を修飾しています。このことにより、“书”が「この世に存在する本」となります。結果、“看”も「この世で具体的に行った動作」という意味が付与されます。また、“一本”は“看”に対しても「読むという動作は本１冊に対して行った」いう制約を与えます。よって、「持続する動作」に限界点がマークされます。つまり「動作そのもの」から「まとまりのある行為（出来事）」となり、時態助詞の“了”を用いることが可能となります。

我看了一本书。→［看　一本（书）］＋時態助詞の“了”
数量（１冊）によって、動作の限界点が明示される。
「読むという動作は本１冊に対して行った」

②は“看”という動詞の後に“一遍（１回）”という動量補語（回数補語）が置かれています。“一遍”は“看”という「持続する動作」に対して、「読むという動作を１回行った」という制約を与える。且つ「具体的に読むという動作を１回行った」という意味も付与します。“一遍”によって、動作の限界点がマークされ、さらに「この世で具体的な動作を行った」ことも意識されます。この結果、「動作そのもの」から「まとまりのある行為（出来事）」となり、時態助詞の“了”が付けられます。

我看了一遍书。→［看　一遍］＋時態助詞の“了”
回数（1回）によって、動作の限界点が明示される。
「読むという動作を1回行った」

③は“一个小时（1時間）”という時間量補語が用いられています。「1時間」が“看”という「持続する動作」に限界点を与えます。「読むという動作を1時間行った」という制約を与え、且つ「具体的に読むという動作を1時間行った」という意味も付与されます。“一个小时”によって、動作の限界点がマークされ、さらに「この世で具体的な動作を行った」ことも意識されます。その結果、「動作そのもの」から「まとまりのある行為（出来事）」となり、時態助詞の“了”が付けられます。

我看了一个小时书。→［看　一个小时］＋時態助詞の“了”
時間量（1時間）によって、動作の限界点が明示される。
「読むという動作を1時間行った」

④は目的語“书（本）”の前に“昨天买的（昨日買った）”という連体修飾成分が付いています。「昨日買った本」は範囲を限定していると同時に、数量も限定しています。「読むという動作は昨日買った本に対して行った」という意味が付与されます。「昨日買った本」は「概念上の本」ではなく、「この世に存在する本」です。このため、“看”も「この世で行った具体的な動作」という意味が付与されます。動作の限界点がマークされ、さらに「この世で具体的な動作を行った」ことも意識され、その結果、「動作そのもの」から「まとまりのある行為（出来事）」となり、時態助詞の“了”が付けられます。

我看了昨天买的书。→［看　昨天买的（书）］＋時態助詞の“了”
範囲限定（数量限定）によって、動作の限界点が明示される。
「読むという動作は昨日買った本に対して行った」

⑤は“看”に、動作の結果を表す結果補語“完”が付いています。中国語の結果補語には、結果を表示するために「持続する動作」を終わらせる機能があります。動作を終わらせないと結果は出ません。結果補語“完”は「終わる」という意味を表わすと同時に、動詞“看”の持続運動量を「ゼロ（終わり）」にするのです。ある動作を終わらせると同時に、結果を明示できる動作は、「この世で行った具体的な動作」であり、且つ「限界点が付与された動作」です。従って、「動作そのもの」から「まとまりのある行為（出来事）」となり、時態助詞の“了”が付けることが可能となります。

这本书我看完了。→［看　完］＋時態助詞の“了”
結果補語“完（終わる）”によって、動作の限界点が明示される。
「読むという動作が終わった」

中国語の文法によって、時態助詞の“了”は動詞の後ろに置かれます。しかし、私は中国語の時態助詞の“了”は、「限界点を持つ動詞（句）」に用いられると考えています。文中に数量表現や補語が用いられて、「動作そのもの」から「まとまりのある行為（出来事）」に変換され、そこに時態助詞の“了”が付いているのです。

実際の文→我看了一个小时书。

意味構造上の形→［看　　一个小时］＋了
　　　　　　　　［動作　　限界点］＋了
　　　　　　　　［始まり　終わり］＋了

1.1. 文中に数量語句がない場合

文中に数量語句を用いず、時態助詞の“了”を動詞に付けると、一文で言い切りにならず、後に文が続きます。この場合、後節に副詞の“就”や“再”が使われ、「～したら、～する（した)」「～し終えたら、～する（した)」という表現になります。

我吃了饭就走。（私は食事をしたら、出かける。）

他下了课就回家了。（彼は授業が終わったら、帰宅した。）

我们看了电影再吃晚饭。（私たちは映画を見終えてから、夕食を食べます。）

1.2. 時態助詞“了”が使えない場合

①日本語で「～した」という意味になりますが、時態助詞の“了”が使えない場合があります。

以下の３例は恒常的な動作、経常的動作なので、“了”が使えません。最初の例は“常常（しばしば)”という経常的な意味を持つ副詞があるので、“了”が使えないのは理解しやすいと思います。

しかし、３番目の例のように「去年彼女はニューヨークでピアノを学んでいた」という文を中国語に訳す場合、学習者は「去年」「学んでいた」を見て、“了”を付けてしまうことが多々見受けられます。「ピアノを学んでいた」には「動作の限界点」が付与されていないので時態助詞の“了”が使えません。

他以前常常来。（彼は以前しばしば来た。）

他去年在那座工厂工作。（彼は去年あの工場で働いていた。）

去年她在纽约学习弹钢琴。（去年彼女はニューヨークでピアノを学んでいた。）
　　　　Niǔyuē

②以下の２例も「～と言った。」「～と聞いた。」という日本語を見て、“了”を付けてしまう学習者がいます。このように文を目的語に取る場合も動詞に“了”は付けられません。付けてしまうと、そこで文が終止するニュアンスが生じます。

她说她后天回老家。（彼女は明後日、故郷に帰ると言った。）

妈妈问孩子几点回家。（母親は子どもに何時に帰宅するかと聞いた。）

×她说了。她后天回老家。

×妈妈问了。孩子几点回家。

ここがポイント！

「私は本を読みました。」という日本語を中国語の訳すと以下の２例が考えられます。

①我看书了。（語気助詞の“了”を用いた例）

②我看了一本书。（時態助詞の“了”を用いた例）

①②ともに文法的には成立可能な例です。ただし、試験などの中国語作文で採点する際は、中国人の先生の話では、②を正解にする、との意見でした。

①はなぜ不可なのでしょうか。中国人の先生の意見では、会話の場面で、前提条件で「你看书了吗?」という疑問文があれば、答えとして成立します。しかし、いきなり①を発話しても唐突すぎて「？？？」という印象になるようです。日本語でもいきなり「私、読書しました。」と発話されても、文脈の情報がないと、次の会話に困ると思います。

私は次のように考えます。

語気助詞 の“了”は、「現状確認」「現状認識」の語気になります。“了”の前に述べられている動作行為をその時点で認識する役割です。つまり、単純に「ある動作をした」と述べる際に用いられます。これは発話の場面で考えると「発話の開始（はじまり）」になると思います。

人間の言語行為は相手の負担を避けるために「発話の開始（はじまり）」は、先ず単純な事から話を始めるのではないでしょうか。例えば、出会った友人に向かっていきなり具体的、詳細な質問は避けるのではないでしょうか。いきなり「昨日の日曜日、あなたはデパートでセーター２着とコート１着買ったよね？」とか「昨日の日曜日、あなたは家でテレビを３時間見ていたよね？」などの質問はしないと思います。このような質問をしたら、相手は不愉快な思いをするはずです。

従って、先ずは「昨日何をした？」とか「昨日買い物した？」のような単純な質問から話をするのではないでしょうか。このように単純に「動作をした」ことを聞いたり、答えたりする時に語気助詞 の“了”が使われます。

時態助詞の“了”は会話が深まって行き「具体的に～した」を表現する時に用います。例えば「昨日何をした？“昨天你做什么了?”」「昨日買い物をしたよ。“昨天我买东西了。”」という会話であれば、ここでは語気助詞の“了”を使えばいいのです。

しかし、「買い物をした」という情報を得たら、それからは具体的な事を聞く質問と答えになると思います。「あなたは何を買ったの？“你买了什么?”」「私は靴下３足とセーター２着買ったよ。“我买了三双袜子和两件毛衣。”」つまり、会話の主題が「単純な動作をした」ではなく「具体的な事をした」に移っているのです。このように時態助詞の“了”は話が深まり「具体的な事をした」という場面になると使えるのです。

2. 語気助詞の“了”

語気助詞の“了”は、文末に置かれます。基本的に「現状確認」「現状認識」の語気を表します。“了”の前に述べられている動作行為や状況をその時点で確認認識したり、様々な語気も表します。

2.1. 動作行為をその時点で確認認識する「～した」

你吃饭了吗？ 你吃饭了没有？（あなたは食事をしましたか。）

（肯定形）我吃饭了。（私は食事をしました。）

（否定形）我没（有）吃饭。（私は食事をしていません。私は食事をしなかった。）

昨天晚上下雪了，今天早上又下雪了。（昨晩雪が降った、今朝また雪が降った。）

2.2. 事態の発生や状況の変化を確認認識する「～になった」「～になる」

吃饭了。（ごはんですよ。）

我姐姐快要毕业了。（私の姉はまもなく卒業する。）

我弟弟二十岁了。（私の弟は20歳になった。）

他是大学生了。（彼は大学生になった。）

她的病好了。（彼女の病気はよくなった。）

我女儿会走了。（娘が歩けるようになった。）

2.3. 様々な語気や意志を表す

这个问题太难了。（この問題は難しすぎるよ。）

她说英语说得可好了。（彼女は英語を話すのが本当に上手ですね。）

今天我不去百货大楼了。（今日、私はデパートに行くのをやめる。）

你别喝了。（もう飲むのをやめなさい。）

2.4. 変化動詞の経過時間を確認認識する

“死”“结婚”“毕业”などの動詞は、“吃”“看”のような一般的な動作動詞と異なり、動作行為が持続しません。“死”は「生から死への変化」、“结婚”は「独身から結婚への変化」、“毕业”は「在学から卒業への変化」を表します。“我们结婚十年了。”が表している意味は、「結婚、つまり独身から結婚へ変化した日から現在までの年数を計算すると、10年になります」ということです。中国語をしっかり学習している人でも“我们结了十年婚了。”と作文してしまいます。持続動詞の場合は、問題ありません。しかし、変化という特徴を持つ動詞は、このような語順にはなりません。注意しましょう。 ただし、動量（回数）補語を用いた場合、例えば「私の弟は２回結婚したことがある」の中国語訳“我弟弟结过两次婚。”は、「婚姻の手続きを２回したことがある」ということなので、成立可能です。

我们结婚十年了。（私たち結婚して10年になる。）

×我们结了十年婚了。

我们大学毕业五年了。（我々は大学を卒業して、５年になる。）

我哥哥离开故乡五年了。（兄が故郷を離れて、５年になる。）

小王来日本两年了。（王さんは日本に来て２年になる。）

我爸爸死了三年了。（父が亡くなって３年になる。）

×我爸爸死三年了。「“死了”としないと、「亡くなった」にならない」

2.5. ある期間動作が行われていないことを確認認識する

ある期間動作が行われていないことを確認認識する場合も語順に注意しましょう。「期間を表す単語＋没（有）＋動詞句＋了」となります。

“她一个星期没来上课了。（彼女は一週間授業に来ていない。）”で説明します。“一个星期”は“没”の前に置いて、期間を確定させます。“没”は“来上课”を否定します。文末の語気助詞の“了”で“她一个星期没来上课（彼女は一週間授業に来ていない）”全体を確認、認識します。“一个星期”を“没”の後方に置いてしまうと、“一个星期”も否定の範囲になり、期間が確定できなくなります。また、このような場合、文中に“没（有）”があっても、語気助詞の“了”が使えます。

她一个星期没来上课了。（彼女は１週間授業に来ていない。）

我已经一年多没看电影了。（私はもう１年余り映画を見ていない。）

我一个月没有给妈妈打电话了。（私は１か月母に電話をしていない。）

ここがポイント！

①我学了一年汉语。（時態助詞のみ使用）

①は、「私が１年間中国語を学んだ。」のは発話時より前の出来事で、「１年間」は確定した年数となります。従って、通常「今は中国語を勉強していない。」という状況で使用されることが多いです。

②我学了一年汉语了。（時態助詞と語気助詞を使用）

②は、語気助詞を用いることで、「現状確認」「現状認識」の語気を表し、且つ発話時が「今現在」であることが明示されます。また、語気助詞の表す意味は「～になった、～になる」です。従って、②を直訳すると、「私は中国語を学んで、現時点で１年になる」となります。つまり、②は「今も中国語を勉強している」状況で用いられます。

練習問題

◇与えられた単語を用いて、正しい中国語の文を作りなさい。

①私はここ数日家で夕食を食べていない。
我 在 吃 没 家 了。晚饭 这几天

____

②私と彼女とはもう何年も合っていない。
和 我 她 没 了。见面 已经 好几年

____

③彼女は日本に留学に来てまるまる２年になる。
来 她 了。留学 两年 整整 日本

____

④私はお風呂に入ったら、寝ます。
我 睡。洗 就 澡 了

____

⑤私は授業が終わったら、バイトに行く。
我 去 了 课 就 下 打工。

____

⑥日曜日、私は雑誌を２冊買った。
买 我 了 杂志。两本 星期天

____

⑦土曜日、兄は５時間バイトをした。
工。了 打 小时 五个 星期六 我哥哥

____

⑧昨晩、私は７時間寝た。
我 觉。了 睡 小时 昨晚 七个

____

⑨この小説を私は一度読んだ。
了 这 看 我 本 一遍。小说

____

⑩彼女は韓国語を学んで２年になります。
学 她 了 了。韩语 两年

____

第7章

進行と持続を覚えよう

中国語では進行と持続の使い分けがあります。

進行の例

他正在穿衣服呢。（彼は着換え中です。）

持続の例

今天她穿着红毛衣呢。（今日彼女は赤いセーターを着ている。）

1. 進行

進行は、副詞“正”“正在”“在”や語気助詞“呢”によって表現します。

“正”「まさに」という意味で「時間軸上の１点」を指示します。

“正在”“正”「まさに」という意味で「時間軸上の１点」を指示します。同時に“在”によって「その動作が存在している」という意味が付与されます。

“在”「その動作が存在している」という意味が付与されます。

語気助詞“呢”は「動作や状態が継続していると気付いた」という語気を表します。

副詞と語気助詞で動詞句を挟んで「今まさに動詞句が存在している（と気付いた）」と言えば、中国語の進行となります。

次に、副詞“正”“正在”“在”の用法上の違いを説明します。

①単純な動詞には“正”は使えない。
“正在”“在”は使える。

×他们正讨论。

○他们正在讨论。他们在讨论。

②文中に“从”がある場合、“在”は使えない。
“正”“正在”は使える。

×红日在从地平线升起（shēngqǐ）。

○红日正从地平线升起。红日正在从地平线升起。

③文中に“一直（ずっと）”“经常（いつも）”などの単語がある場合、“正”“正在”は使えない。“在”は使える。

×他一直正等你。他经常正在考虑。

○他一直在等你。他经常在考虑。

④文中に“渐渐地（しだいに)”のような単語や状態が「動（強)」から「静（弱)」への移行を表す方向補語“下来”がある場合、“正”“在”は使えない。
“正在”は使える。

×速度正渐渐地慢下来。速度在渐渐地慢下来。

○速度正在渐渐地慢下来。

ここがポイント！

中国語の進行の考え方

デジタルビデオの映像（動画）も、もともと静止画ではないのでしょうか。静止画多数を高速で処理することで、動画になります。人間の目の網膜に映る映像も、もともと静止画で、多数の静止画を脳が高速で処理することで、人間は「動き」として認識しているのではないでしょうか。

中国語の“正”は、時間軸上の１点を指定しています。静止画１枚を指し示している感覚です。“正在”は、時間を指定すると同時に「動き」も捉えていると考えます。静止画数枚を捉える感覚です。これにより「ある時間内の動き」も認識されます。“在”は“一直”“经常”と共に用いられることから、「動作」を行う静止画をすべて捉える感覚です。

×红日在从地平线升起。

“在”を用いると成立しないのは、「太陽の動き」をずっと捉える感覚になるのではないでしょうか。「地平線」を意識しない状況になれば、この表現を発話する必要がありません。

○红日正从地平线升起。红日正在从地平线升起。

“正”は、例えば「日の出」の写真の感覚です。“正在”は、「日の出」を数時間眺めている感覚です。

×速度正渐渐地慢下来。速度在渐渐地慢下来。

“正”は時間軸上の１点を指定しています。１点を指定しているので“渐渐地”“下来”といった「状況の変化」を表す単語と意味上合わないのです。“在”は「動作」全体を捉える感覚なので、「ある時間内における状況の変化」を述べる場面とは、意味上不適合となります。

○速度正在渐渐地慢下来。

「速度がしだいに遅くなっている」つまり「50km」→「40km」→「30km」→「20km」という「ある時間内における速度の変化」を述べている文なので、“正在”が最も適合します。

2. 持続

「立っている」「座っている」「ドアが空いている」などを中国語で表現する時は、動詞の後に時態助詞の“着”をつけて「持続」として表します。「持続」もある種の状態なので、否定には、“没”“没有”を用います。

她没带着雨伞，但是带着阳伞。（彼女は雨傘を持っていないが、日傘は持っている。）

他没有戴着帽子，穿着一件毛衣。（彼は帽子をかぶっていない、セーターを着ている。）

墙上挂着一幅画儿。（壁に絵が掛けられている。）

“着”は古くは動詞で「付着する」「くっつく」の意味でした。
「付着する」→「愛着、執着」→「固定される」→「そのままの状態を保つ」→「持続」

“着”は「姿勢保持動詞」“站（立つ）”“坐（座る）”“躺（横たわる）”や「瞬間動詞」の“挂（掛ける）”“贴（貼る）”“拿（持つ）”などの動詞と相性がいいです。持続を表す“着”は、時間が経っても姿や形がそのまま保持されるような場面で用いられます。

我哥哥戴着一副眼镜。
（私の兄はメガネをかけている。：「メガネをかける」という動作は瞬時に終わり、メガネが兄の顔に装着したままになっている。）

她在床上躺着呢。
（彼女はベッドの上で横たわっているよ。：「体をベッドに横たえる」という動作は瞬時に終わり、ベッドの上で、彼女の体が横たわっている姿が持続している。）

姿や形が保持されることを表すので、前の動詞に“着”をつけ、後ろの動詞の修飾成分「～したままで（～した状態で）～する」とすることも可能です。

我们走着去学校吧。（我々は歩いて学校に行こう。）

她喜欢躺着看书。（彼女は横たわって本を読むのが好きです。）

ここがポイント！

①她们在那边愉快地唱着歌儿呢。
この例では、“唱”という動作動詞に“着”が付いています。しかし、実は連用修飾成分が付いた“愉快地唱（楽しそうに歌う）”という構造に“着”が付いたと考えます。なぜなら、この例から“愉快地”を除いた場合、成立不可となるからです。つまり、“愉快地唱”という構造は、すでに単純な動作動詞ではなく、「状態化された動作」や「様子として認知された動作」として捉え、従って、持続を表す“着”が付けられると考えます。

②授業で「父は新聞を読みながら、朝食を食べている。」という問題を出題しました。私は“我爸爸一边看报一边吃早饭。”という解答を期待していました。しかし、学生の解答では“着”を用いた“我爸爸看着报吃早饭。”もありました。中国人の先生に確認

したところ、文法的には間違っていないが、やはり“我爸爸一边看报一边吃早饭。”を正解とした方が良いとの答えを頂きました。その理由は“看着报”とすると、「お父さんが新聞を凝視している感じや新聞から目をそらしていない感じが強く、その状態を保ったままで食事をするのは現実問題として無理なのではないか」ということでした。

③以下の例は進行と持続の例です。意味上の違いがないと判断しても良いと思います。しかし、中国語の表現方法が異なるので、私は発話の状況や意味内容が若干異なると思い、中国人の先生に確認してみました。その回答を記します。

（進行）　外边正在下雨呢。

今、外を見たら、雨が降っている。外出しない方がいいよ。情景描写というより、注意喚起をする発話。

（持続）　外边下着雨呢。

雨が降り続いている。外の様子を述べる情景描写。

（進行）　她一直在等你呢。

彼女はずっとあなたを待っているよ。単純に待っているを発話している。叱責などの語気はない。

（持続）　她一直等着你呢。

彼女はずっとあなたを待ち続けているのよ。人を待たせないで、早く行きなさい、というような叱責のニュアンスがある発話。

練習問題

1. 以下の空欄に“正”“正在”“在”を入れ、文を完成させなさい。

①这几天我一直（　　）复习功课。

②昨天小张来的时候，他（　　）和小王说话呢。

③他们（　　）讨论，你半个小时以后再来吧。

④去年她就开始学开车了，现在还（　　）学。

⑤她这几天（　　）忙呢，你过几天再去找他吧。

2. 以下の日本語を中国語に訳しなさい。

①今日、彼女は歩いて駅に行かなかった。

②今日、父はジーンズをはいている。

③私の友人は手にミネラルウォーターを持っている。

④横たわって本を読むのは、目にあまり良くない。

⑤李先生は熱心に大学生に中国語を教えている。（“正在”を用いる）

第8章

補語を覚えよう

1. 中国語の補語とは

中国語の補語とは、述語の動詞や形容詞の後に置いて、動作の結果や状態及び様子などを補足説明する成分です。補語は、以下の7種類に分類できます。

1. 結果補語
2. 時量補語（時間量補語）
3. 動量補語（回数補語）
4. 方向補語
5. 可能補語
6. 様態補語
7. 程度補語

2. 結果補語

中国語の動作動詞は「動作そのもの」のみを表しています。内在する意味には、「動作の結果」は含まれていません。従って、動作の結果がどうなったのかを表すためには、動作の結果を表す結果補語が必要となります。

結果補語を伴った動詞は「動作そのもの」ではなく、「ある種の状態」を表しています。否定には“没”“没有”を用います。

看	完	听	懂
見る	終わる	聞く	わかる

没 听懂。（聞いて理解していない。）

没有看完。（読み終えていない。）

以下の文は、日本語の直訳だと違和感がありますが、中国語では問題ありません。

我买了半天，但是还没买到。（私はしばらく買ったが、まだ買って手に入れていない。）
→（私はしばらく買い求めたが、まだ買って手に入れていない。）

这些生词，我都记住了 。（これらの新出単語を私は全て覚えました。）

老师说的话，我还没听懂。（先生の話す話を私は聞いて理解していない。）

我的牛仔裤，妈妈洗干净了。（私のジーンズを母は洗ってきれいにした。）

足球比赛的票，你买到了没有?
(サッカーの試合のチケットをあなたは買って手に入れましたか。)

ここがポイント！

①你还没做好作业，不做好作业就不能玩儿游戏。
結果補語をともなった動詞の否定には“没”“没有”を用います。しかし、この例のように、仮定の条件を述べる場合は“不”も用いられます。訳は次のようになります。
「あなたは宿題をまだちゃんとやり終えていない、ちゃんと宿題をやらないとゲームで遊んではいけません。」

②以下の例は正しいですか？
我买到了一本小说。
正しくありません。
「買って手に入れた対象は、特定化されたもの」となります。しかし、“一本小说”では「この世に存在する小説」という意味のみを表します。「この小説」や「私が読みたかった小説」のように特定化する必要があります。
○我要看的小说才买到。

結果補語に使われる主な動詞・形容詞

動詞

成：～になる。请把日语翻译成汉语。(日本語を中国語に訳してください。)

到：目的を達成する。手机，我找到了。(携帯電話を私は（探して）見つけた。)

掉：なくなる。请不要把黑板上的字擦掉。(どうか黒板の字を消さないでください。)

懂：分かる。中文报，我看懂了。(中国語の新聞を、私は読んで理解した。)

见：感覚器官を通じて脳が認知する。富士山，我看见了。(富士山を私は見ました。)

完：終わる。今天的作业，我还没做完。(今日の宿題を、私はまだやり終えていない。)

在：～に、～で。把这本词典放在书架上。(この辞書を本棚に置いてください。)

住：固定する。今天学的单词，你们都记住了吗?
(今日学んだ単語を、あなた方は全て暗記しましたか。)

走：離れる。那本小说被人拿走了。(あの小説は誰かに持って行かれた。)

形容詞

错：間違う。对不起，我写错了。（すみません、私が書き間違えました。）

干净：きれいになる。T 恤衫，我已经洗干净了。

（T シャツを、私はもうすでに洗ってきれいにした。）

好：申し分ない状態になる。我想学好俄语。（私はロシア語をマスターしたい。）

清楚：はっきりする。你说的话，我听清楚了。（あなたの話を私ははっきり聞こえました。）

ここがポイント！

結果補語の意味構造上の役割について述べます。

具体的に“看完”で考えてみましょう。“看”は「見る」という意味を表し、且つ、意味構造上は「見る」という動作が持続して行きます。しかし、ある時点で“完”「終わる」と、人間はそれ以上「見る」という動作を行う必要がなくなります。つまり、結果補語“完”は、「終わる」という意味を表すと同時に、「見る」という持続可能な動作に対して動作の限界点も付与します。結果を出すためには、動作は終了している必要があります。

また、結果が出ている動作は、実際にこの世で人間が行った「具体的な動作」ということも認識できるようになります。

3. 時量補語（時間量補語）

時量補語は時間量補語といわれることもあります。動詞の表わす動作行為が「どのくらいの間行なわれた」かを表わすのが時量補語です。また、動詞に目的語がある場合は、補語と目的語の語順にも気をつけてください。

動作がすでに完了・実現している時は、時態助詞の“了”を動詞の後ろにつけることができます。

我	等了	三十分钟。
主語	動詞	時量補語
S	V	C

我	看了	一个小时	书。
主語	動詞	時量補語	目的語
S	V	C	O

我	看	书	看了	一个小时	书。
主語	動詞	目的語	動詞	時量補語	目的語
S	V	O	V	C	O

○我　看了　一个小时　书。　×我　看了　书　一个小时。

ここがポイント！

ここでは注意すべき点を書きます。

①時量補語が具体的な時間量が用いられ、目的語が代名詞の場合

「私は駅で彼を30分間待った。」という日本語を中国語に訳す際、語順に注意してください。

間違い例　×我在车站等了三十分钟他。

正しい例　○我在车站等了他三十分钟。

中国人の先生の言語感覚では、“我在车站等了三十分钟。”で文が完結するため、この後に代名詞を置くと、この代名詞は次の文の主語と感じるようです。“电视（テレビ）”は文末に置いても「見る対象」との認識になり、通常は主語として認識されません。私は代名詞を動詞の後ろに置くことで、主語の「人」と関係する「人」であることを認識させているのではないかと考えています。

＊代名詞が目的語の場合は語順に注意です。

②離合詞（離合動詞）を使用する時も語順に注意

“睡觉（眠る）”“打工（アルバイトをする）”のように、「動詞＋目的語」構造からなる２音節動詞を離合詞（離合動詞）と言います。離合詞（離合動詞）を使用した際も、時態助詞の“了”や時量補語を置く位置に注意しましょう。

睡觉　○我昨天睡了七个小时觉。　×我昨天睡觉了七个小时。
打工　○他每天打三个小时工。　×他每天打工三个小时。
上班　○我爸爸每天上八个小时班。　×我爸爸每天上班八个小时。

4. 動量補語（回数補語）

動作行為の回数を表すには、動量補語を動詞の後ろにつけます。２例目に出てくる“一个月”は、動作の持続時間を表しているのではなく、「１ヶ月の範囲で」という意味になるので、動詞の前に置かれます。

さらに、時量補語と同じように、普通の名詞が目的語になる場合と、代名詞が目的語になる場合では、語順に変化が生じるので注意しましょう。

①一般名詞が目的語の場合

我　看了　一遍　书。（私は１度（始めから終りまで）本を読んだ。）
主語　動詞　動量補語　目的語

我　一个月　打　三次　网球。（私は１ヶ月に３回テニスをする。）
主語　動詞　動量補語　目的語

○我　看了　一遍　书。　×我　看了　书　一遍。

②代名詞が目的語の場合

老师　说了　我　　一顿。（先生は私をしばらく叱った。）
主語　　動詞　目的語　動量補語

我　打了　他　　一下。（私は彼をちょっとたたいた。）
主語　動詞　目的語　動量補語

〇我　打了　他　一下。　×我　打了　一下　他。

③固有名詞（人名や地名）が目的語の場合

我　去过　两次　北京。（私は北京に2回行ったことがある。）
主語　動詞　動量補語　目的語

我　去过　北京　　两次。
主語　動詞　目的語　動量補語

我　见过　一次　　田中。（私は田中さんに1度会ったことがある。）
主語　動詞　動量補語　目的語

我　见过　田中　　一次。
主語　動詞　目的語　動量補語

④動量補語に常用される単語を挙げます。

次：回数のみを表す。看一次。（1回見る。）

回：回数のみを表す。吃一回。（1回食べる。）

下：回数を表す。短時間の動作に用いる。「ちょっと」の意味で使われる。看一下。（ちょっと見る）

遍：始めから終りまで行う動作の回数を表す。ひと通り。看一遍。（ひと通り見る。）

趟：行き来する動作の回数を表す。去一趟。（1度行く。）

顿：食事・叱責・忠告などの動作の回数を表す。吃一顿。（1度食事する。）

ここがポイント！

①動量補語としてよく使われる単語を上に挙げておきました。さらに、名詞を動量補語として用いることもあります。この場合、名詞は一緒に使われる動詞と意味上関係があり、臨場感ある表現を作ることができます。このような表現を覚えると中国語学習が楽しくなります。

看一眼：kàn yì yǎn　一目見る　→ちらりと見る。
踢一脚：tī yì jiǎo　一蹴りする→ポーンとける。
喝一口：hē yì kǒu　一口飲む　→ごくんと飲む。
画一笔：huà yì bǐ　一筆描く　→一筆加える。

②「「1回」という日本語を中国語に訳す場合、"一次""一回"を使うべきか、"一遍""一趟"を使うべきかを教えて欲しい」という質問が出ることがあります。私は以下のように答えています。

"一遍"や"一趟"は内在する意味があるので、先ず動詞の表す意味も考えて適切な動量補語を選ぶべきです。且つ、時態助詞の"了"が動詞に用いられている場合は、発話時の直前に動作が完了している可能性もあるので、臨場感が必要になります。臨場感を出すためにはより具体的な意味を持つ"一遍"や"一趟"などの動量補語を使用する方がいいと思います。

これに対して、過去の経験を表わす"过"が用いられている文の場合は、発話時より過去の出来事という認識になるため、臨場感を必要としません。従って、この場合は、単に回数の意味のみの"一次"や"一回"が使うことが多いようです。

「私はもう一度北京に行きたい。」のようにこれからの希望を述べる場合は、"我还想再去一趟北京。""我还想再去一次北京。""一趟""一次"のどちらでも表現が可能です。

練習問題

◇与えられた単語を用いて、正しい中国語の文を作りなさい。

①この小説を私はまだ読み終えていない。(結果補語)

这 看 还 我 本 没 完。小说

____

②先生の声が小さくて、私ははっきり聞き取れなかった。(結果補語)

我 的 没 小，很 听 清楚。声音 老师

____

③姉は大学から遠くないところに住んでいる。(結果補語)

不 姐姐 的 住在 远 离 大学 地方。

____

④私は彼女に何度も電話をかけたが、いずれもつながらなかった。(動量補語、結果補語)

我 没 都 给 打了 可是 电话，打通。好几次 女朋友

____

⑤昨日、私は2時間動画を見た。(時量補語)

我 了 看 昨天 小时 视频。两个

____

⑥私はデパートで彼女を1時間待った。(時量補語)

我 她 等 在 了 一个小时。百货大楼

____

⑦あなたは英語を学んでどれくらいの時間になりますか。（時量補語）
学 你 了 了? 英语 时间 多长

---

⑧私は１週間に３回テニスをする。（動量補語）
我 次 打 三 星期 一个 网球。

---

⑨私はもう一度香港に行きたい。（動量補語）
还 再 我 去 想 香港。一趟

---

⑩私はどこかで彼女に会ったことがあるようだ。（動量補語）
我 一 在 次 面。她 好像 见过 哪儿

---

5. 方向補語

5.1. 中国語の方向補語とは

動詞の表す動作行為や出来事が、どの方向へ移動するのかを表すのが、方向補語です。人間が行う動作や出来事の動きは、“来（来る）”“去（行く）”以外に、“上（上がる）”“下（下がる）”“进（入る）”“出（出る）”“回（戻る）”“过（移動する）”“起（起きる）”があります。

来：向かって来る　　帯来　回来　借来　拿来　跑来
去：遠ざかる　　进去　回去　送去　出去　寄去
上：上がる　　走上楼　走上楼来：歩いて上って来る。
（発話者は上の階にいる）
走上楼去：歩いて上って行く。
（発話者は下の階にいる）
下：下がる　　走下楼　走下楼来：歩いて下って来る。
（発話者は下の階にいる）
走下楼去：歩いて下って行く。
（発話者は上の階にいる）
进：入る　　走进教室　走进教室来：歩いて教室に入って来る。
（発話者は教室にいる）
走进教室去：歩いて教室に入って行く。
（発話者は教室の外にいる）
出：出る　　走出教室　走出教室来：歩いて教室から出て来る。
（発話者は教室の外にいる）

		走出教室去：歩いて教室から出て行く。（発話者は教室にいる）
回：戻る	跑回家	跑回家来：走って家に帰って来る。（発話者は家にいる）
		跑回家去：走って家に帰って行く。（発話者は家の外にいる）
过：移動する	走过桥	走过桥来：歩いて橋を渡って来る。（発話者は橋の手前にいる）
		走过桥去：歩いて橋を渡って行く。（発話者は橋の向かい側にいる）
起：上向きへの移動	抬起头	抬起头来（顔を上げる）

目的語と方向補語

①「場所」が目的語の場合、動詞と方向補語の間に置きます。

他进宾馆去。（彼はホテルに入って行く。）　×他进去宾馆。

妈妈回家来了。（母が帰ってきた。）　×妈妈回来家了。

②「一般的な事物」が目的語で、動作が完了・実現していない場合、動詞と方向補語の間に置きます。

请给我拿一瓶矿泉水来。（どうかミネラルウオーターを持ってきてください。）

明天我打算带午饭去。（明日、私は昼食を持って行くつもりです。）

③「一般的な事物」が目的語で、動作が完了実現している場合、方向補語の後ろに置きます。

奶奶寄来了一封信。（祖母が手紙をくれました。）

我们想出了一个好办法。（我々はいい方法が思いついた。）

④「場所」が目的語の場合、動詞と複合方向補語の間に置きます。

老师走进教室来。（先生は歩いて教室に入って来た。）

×老师走进来教室。

⑤「一般的な事物」が目的語の場合、目的語を“来”“去”の前に置けます。また、“来”“去”の後ろにも置けます。目的語を文末に置いた場合、動作が完了・実現していると読み取ることが多いです。

她从书包里拿出一本书来。
（彼女はカバンから本を取り出した。彼女はカバンから本を取り出す。）

她从书包里拿出来一本书。（彼女はカバンから本を取り出した。）

ここがポイント！

結果補語は、結果を表示することで、持続可能な動作の運動量を「ゼロ」にして、動作動詞に「動作の限界点」を明示する機能がありました。

方向補語は動作行為の方向を表します。「上がる」や「出る」と言う事で、動詞に具体的な動きの「パワー」を注入します。人は「動き」や「移動」を認識すると、次に「どこからどこまで移動する」つまり、「起点」と「終点」を意識できます。動作行為の「起点」と「終点」が明らかになるということは、持続可能な動詞に対し、「動作の限界点」を明示することが可能となります。

結果補語と方向補語は、表す意味は異なりますが、意味機能を考えれば、持続可能な動作動詞に「動作の限界点」を与え、概念上の動作ではなく、人間が具体的に行った動作であることを認識させるという同様の機能を有していると言えます。

5.2. 方向補語の派生的意味

上：①分離からくっつく

关上门（ドアを閉める）　穿上毛衣（セーターを着る）

②ある所に記入する

填上名字（名前を記入する）　写上地址（住所を書く）

③固定され、継続する

考上大学（大学に合格する）　我爱上她了。（私は彼女に惚れてしまった。）

出来：①考えや言葉が出てくる

想出好办法来（良いアイディアが浮かぶ）

说不出话来（言葉が出てこない）

②識別や判別を表す

看出来（見てわかる）　听出来（聞いてわかる）

过来：①正常な状態に戻る

醒过来（意識を取り戻す）　恢复过来（回復する）

②能力・時間・数量が足りず、全体に行き届かない（否定形で用いられる）

忙不过来（忙しくて手が回らない）　数不过来（多すぎて数えきれない）

过去：①正常な状態を失う

昏过去（意識を失う）　晕过去（気を失う）
hūn　yūn

起来：①～しはじめる

胖起来（太りはじめる）　笑起来（笑い出す）

②はらばらなものをまとめる

包起来（包む）　收起来（取り込む）

③～してみると

用起来（使ってみると）　看起来（見たところ）

下来：①分離を表す

脱下来（脱ぐ）　摘下来（外す）
tuō　zhāi

②固定させる、残す

写下来（書き残す）　记下来（書き留める）

③動作や状態が動から静、強から弱への変化を表す

平静下来（落ち着いてくる）　安静下来（静かになる）

下去：①～し続ける

说下去（話し続ける）　热下去（暑さが続く）

6. 可能補語

動詞の表す動作行為が、ある結果に到達できるか否かによって、「できる」「できない」を表す補語が可能補語です。動詞に結果補語が付いた“听懂”や方向補語が付いた“进去”の中間に“得”“不”を入れることで可能補語となります。

肯定形	**否定形**
听懂：听得懂（聞いて理解できる）	听不懂（聞いて理解できない）
进去：进得去（入って行くことができる）	进不去（入って行くことができない）

疑問文には語気助詞の“吗”を用います。反復疑問文は、肯定形と否定形を繰り返して用います。

老师说的话，你听得懂吗？（先生が話した話をあなたは聞いて分かりますか。）

老师说的话，你听得懂听不懂？（先生が話した話をあなたは聞いて分かりますか。）

以下に、多用される可能補語の否定形を、動詞“吃”と結びつけて記します。

吃不到　（食べ物そのものがなくて、食べられない）

吃不得（de）　（腐っていて、食べられない、食べてはいけない）

吃不惯　（食べ慣れていないから、食べられない）

吃不来　（食べつけないので、食べられない。口に合わない。）

吃不了（liǎo）　（量的に多くて、食べきれない）

吃不起　　（値段が高くて、所持金が少なくて、食べられない）

吃不下　　（満腹でのどを通らず、食べられない）

＊“～不了”の二つの意味

①～しきれない

吃不了（食べきれない）　喝不了（飲みきれない）

②～できない、～のはずがない

去不了（行けない）　忘不了（忘れるはずがない）

这么多的菜，我一个人吃不了。（こんなに多くの料理を私一人では食べきれない。）

这么贵的皮包，我买不起。（こんなに高いカバンは私は買えません。）

昨天晚上热死了，我怎么也睡不着。（昨晩は暑すぎて、私はどうしても寝付けなかった。）

熟語化した可能補語

巴不得（切望する）　怪不得（どうりで）
bābude　　guàibude

恨不得（実現不可能だが～したくてたまらない）
hènbude

赶不上（間に合わない）　看不起（軽蔑する）

来不及（間に合わない：後に動詞句が来る）

想不到（思いもよらず）　用不着（～する必要がない）

ここがポイント！

1.「助動詞」を用いる可能表現と可能補語の違い

①助動詞型：能听懂（“不能听懂”は使われませんが、“不能进去”は「入ってはいけない」という禁止表現で用いることができます。）

助動詞型は個別の出来事や一回限りの事柄に言及し、一回一回の条件や能力に着目します。つまり、話や授業の内容を理解しているかどうかを述べています。

今天的讲演我都能听懂。

（今日の講演を私は聞いて理解できる。：日本語（言語）そのものの理解能力ではなく、講演会の内容について理解できることを述べています。）

②可能補語型：听得懂　听不懂（否定形がよく使われる）

総合的（客観的・絶対的）な観点から「できる、できない」について言及しています。これは個人の力ではどうにもできないことについて述べています。外国語に対する理解は、その外国語を勉強していない人には全く歯が立たないわけです。“买不起”の表す意味も、自分の所持金と価格との金銭的なつり合いが取れていないことを表しています。所持金が足りないのであれば、そもそも購入はできません。

广东话我听不懂。

（広東語は私は聞いて理解できない。：広東語を勉強したことがないので、聞いても全く理解できない。）

这个东西卖光了，我买不到了。

（この品物は売り切れてしまったので、私は（買って）手に入れることができない。：売り切れたものは、自分でいくら欲しいと思っても、買うことができい。個人の力ではどうにもできない。）

可能表現の否定には可能補語の否定形がよく用いられます。中国語の可能補語の否定形は原因・理由も含んでいます。とても便利な表現です。また、言語活動において「できない」と言う場合は、「個別的なことが条件」であるか、「総合的なことが条件」であるかを問わず、とにかく「できない」が相手に伝わればそれで良いのです。

中国語では、可能補語を用いて「総合的、客観的にできない」と述べた方がストレートに相手に伝わるのではないでしょうか。

2. 否定形の可能補語が多用される理由

可能補語には肯定形と否定形が存在します。しかし、実際に使用されるのは否定形が圧倒的に多いです。それはなぜでしょうか。

例えば、教員が黒板の前に立っていて、板書が見えない時に学生は「先生、黒板が見えません。」と発言すると思います。しかし、板書が見えている時に「先生、私は黒板が見えます。」と発言する学生はいないと思います。

この例えからも理解できるように、人間は自分が何かをしようと思った際、それがスムーズにできない場合に、相手に「できない」を訴えて、改善してもらおうとするのではないでしょうか。疑問文の答えであれば「私は～ができる。」は発話としても、もちろん成立します。しかし、場面や文脈もなく、いきなり「私は～ができます。」と発話すると自分の能力を誇示しているように聞こえます。他人とのコミュニケーションにおいて、このような発話は通常、避けるのではないでしょうか。

3. “没听懂”と“听不懂”

学生から“没听懂”を使うのか、それとも“听不懂”を使うべきかとの質問を受けることがあります。

普段の授業で「聞き取れなかった」と表現したい場合は、“没听懂”を用います。“没听懂”は「現段階では結果に至る状態ではない」という事を表しています。「言語能力が無くて、理解していない」のではありません。

これに対して可能補語の“听不懂”を使うと、どうなるでしょうか。すでに書いたように可能補語の否定形は、総合的（客観的・絶対的）な観点から「到底できない」と述べています。中国語の授業に参加している学生が、しかも結果補語を学び終えたレベルの学生が“听不懂”と言ってしまったら、どうなるでしょうか。その発話を聞いた教員は、授業プランを考え直さなければならなくなります。同じレベルの授業は、できなくなります。入門レベルの学生が“听不懂”と言っても問題ないですが、あるレベルに達した学生が“听不懂”と言った場合、その学生は再度、初級から学びなおしてもらうことになります。

7. 様態補語

ある動作をして、その動作がどのような様子だったか、または、動作後にどのような状態になっているかを述べるのが様態補語です。

様態補語は、動詞に“得”をつけて、その後ろに描写性の成分を置きます。この補語の意味上のポイントは、動作ではなく、描写性の方になります。否定する際は、述語動詞を否定するのではなく、様態補語を否定します。

また、疑問詞は、様子や状態を尋ねる“怎么样”が使われます。

他 走得 很 快。（動詞：走　様態補語：得 很 快）　（否定）○他 走得 不 快。

×他 不走得 快。

他 跑 得 怎么样?

動詞に目的語がある場合は、「動詞＋目的語」を先ず述べて、再度、動詞を用いてそこに様態補語を置きます。

○她（说）汉语说得很流利。（前の動詞は省略可能です。）

×她说汉语得很好。（補語は動詞の後に置く。）

×她说得很好汉语。（描写性成分の後には目的語が置けない。）

（肯定）他走得很快。

（否定）他走得不快。

（疑問）他走得快吗?　他走得快不快?　他跑得怎么样?

形容詞以外の様々な表現が様態補語に用いられます。

她说汉语说得跟中国人一样流利。（彼女が話す中国語は中国人と同様に流暢です。）

她说英语说得比我好。（彼女が話す英語は私より上手です。）

我弟弟跑得满身都是汗。（弟は走って全身汗びっしょり。）

我妹妹高兴得不由得跳了起来。（妹はうれしくて思わず跳び上がった。）

今天我忙得连吃午饭的时间都没有。
（今日、私は忙しくて昼食を食べる時間さえもなかった。）

ここがポイント！

1.「彼女は英語が流暢です。」という日本語は、中国語では以下のように訳せます。

①她英语很流利。

②她英语说得很流利。

①は形容詞が述語になっている主述述語文です。形容詞が述語の主述述語文は、「一時的な状態」について述べる文となります。一時的というのは、変化する可能性があります。「彼女は英語が流暢です。」というのは、「一時的な状態」でしょうか。「英語が流暢です」というのは彼女の持っている属性（特徴）の一つです。外国語以外にも、「テニスが上手です。」のような場合も、様態補語がよく用いられます。外国語やスポーツで身に付けた能力や技能は、日々勉強したり、練習した結果、得られた能力や技能です。このような能力や技能は、変化しません。従って、ある人の属性（特徴）を認定・評価して述べる場合は、形容詞が述語の文よりも、様態補語を用いて表現します。

2. 離合詞（離合動詞）の動詞の省略は、微妙です。文脈で明確に理解できる以外は、動詞を省略しない方が良いです。“滑冰”となって意味が明確になります。

他滑冰滑得很好。→？他冰滑得很好。

3. 与格「～に」の目的語を取る動詞の省略は出来ません。省略すると、主語の判別が出来なくなります。

她问我问得很仔细。→×她我问得很仔细。

8. 程度補語

形容詞や心理活動を表す動詞の後に置いて、程度がはなはだしいことを強調する補語です。“得”を用いる場合と用いない場合とに分けて説明します。

8.1. “得”を用いる表現

①“～得不得了（liǎo）”（程度を誇張気味に）たまらない。甚だしい。

哈尔滨冬天冷得不得了。（ハルピンは冬が寒くてたまらない。）

②“～得了（liǎo）不得”（程度を誇張気味に）たまらない。甚だしい。

听到这个好消息，她高兴得了不得。（この良い知らせを聞いて、彼女は非常に喜んだ。）

③“～得很”たいへん。とても。

妈妈包的饺子好吃得很。（母が作った餃子はとても美味しい。）

④“～得慌”（不愉快な気持ちが耐え難い程度にまで達していて）ひどく～である。

今天我累得慌。（今日、私はひどく疲れている。）

⑤“～得厉害”（人にとって好ましくない意味を持つ形容詞や動詞に用いられて）ひどく～である。すさまじい。

我肚子疼得厉害。（私はお腹がすさまじく痛い。）

⑥“～得要命”死ぬほど～である。すさまじい。

我最近忙得要命。（最近、私は死ぬほど忙しい。）

⑦“～得要死”死ぬほど～である。すさまじい。

这几天热得要死。（ここ数日死ぬほど暑い。）

8.2. “得”を用いない表現

①“～坏了”ひどく～である。

最近可把我忙坏了。（最近、忙しくててんてこ舞いだ。）

②“～极了”きわめて～である。この上なく～である。

我心里难过极了。（私は悲しくてたまらない。）

③“～死了”ひどく～である。

她怎么还不来，真把我急死了。
（彼女はどうしてまだ来ないのか、本当に私をイライラさせる。）

④“～透了”程度が極めて甚だしいことを示す。

那个人坏透了。（あいつは本当にひどい。）

練習問題

◇与えられた単語を用いて、正しい中国語の文を作りなさい。

①子どもたちは外から走って教室に入って来た。(方向補語)
来。进 从 跑 外边 教室 孩子们

②彼はカバンからデジカメを取り出した。(方向補語)
从 来 拿 他 出 一部 书包里 数码相机。

③彼の名前を私はどうしても思い出せない。(可能補語)
起 也 来。不 想 我 他的 怎么 名字

④私たちはどうしてもいい考えが思い浮かばない。(可能補語)
也 不 想 我们 出 来。怎么 好办法

⑤昨日夜は暑すぎて、私はどうしても寝付けなかった。(可能補語、程度補語)
也 热 我 怎么 晚上 死了，昨天 睡不着。

⑥こんなに多くの料理を私一人では食べきれない。
人 的 我 菜，多 这么 一个 吃不了。

⑦彼女が話すフランス語はフランス人と同様に流暢です。(様態補語)
说 她 跟 说得 流利。法语 一样 法国人

⑧彼女はピアノを弾くのが私よりも上手です。(様態補語)
我 她 比 好。弹 弹得 钢琴

⑨友人の態度に私は腹が立って言葉も出なかった。(様態補語)
出 我 来。话 气得 不 把 说 态度 朋友的

⑩今日、私は忙しくて昼食を食べる時間さえもなかった。(様態補語)
吃 我 都 忙得 连 的 时间 午饭 今天 没有。

第9章

様々な表現を覚えよう

1．近未来表現

近未来表現では動詞句の前に助動詞“要（～するだろう）”や副詞“快（まもなく）”を置くか、または副詞“就”や“快”を“要”と組み合わせた“快要”“就要”を置きます。さらに文末には語気助詞の“了”を付けます。副詞を文中に入れることで、この世の時間軸上の点を指示し、助動詞を文中に置くことで動作が行われる可能性を判断できるようになります。さらに文末の語気助詞の“了”で「出来事の現状認識」する構造が出来上がります。

つまり、副詞で「動作が行われる時間（まもなく）」が決定し、且つ助動詞で「動作が行われる可能性に対する態度表明（～するだろう）」が明確になり、さらに語気助詞で「出来事の現状認識（～になる）」ができることで、副詞と語気助詞で挟み込まれた動詞句が「概念上の動作」ではなく「まもなくこの世で具体化する動作」ということを表現します。

“要～了”“快要～了”“就要～了”の間に動詞句や形容詞句を入れて用います。“快～了”はさらに数量詞や季節を表す名詞も入れることができます。“明天”のような具体的な時間を表す単語がある場合は、“就要～了”のみが使えます。

要下雪了。（まもなく雪が降る。）

她快要回国了。（彼女はまもなく帰国します。）

我儿子快九岁了。（私の息子はまもなく9歳になります。）

爸爸明天就要出差了。（飛行機はまもなく離陸します。）

練習問題

◇与えられた単語を用いて、正しい中国語の文を作りなさい。

①サッカーの試合がまもなく始まります。

了。要　比赛　足球　开始

②私の友人はまもなく故郷に帰省します。

的　了。回　我　快要　朋友　老家

③私たちは結婚してまもなく10年になります。

了。快　我们　十年　结婚

④姉は大学を卒業してまもなく5年になります。
了。快 大学 五年 毕业 我姐姐

⑤父は明日中国に出張します。
了。去 明 出差 中国 就要 我爸爸

2. 存現文

「場所＋動詞＋人やもの」の語順で、「その場所に存在する人やもの」「その場所に出現する人やもの」「その場所から消失する人やもの」を表す文です。
存現文の構造は複雑ではありませんが、日本語と語順が異なるので、作文をする時は注意してください。

日本語：机の上にパソコンが置いてある。（場所＋目的語＋動詞）
中国語：桌子上放着一台电脑。（場所＋動詞＋目的語）

（存在）书架上摆着很多词典。（書架に辞書がたくさん並んでいる。）
墙上贴着很多偶像的照片。（壁にはアイドルの写真がたくさん貼ってある。）
ǒuxiàng
（出現）前边来了几个学生。（前から学生が数名やって来た。）
后边开过来一辆公交车。（後ろからバスが一台やって来た。）
（消失）教室里少了一张桌子。（教室から机が一脚なくなった。）
村子里死了几头牛。（村で牛が数頭死んだ。）

ここがポイント！

存現文の目的語は、通常数量を伴います。中国語の名詞はそのままでは「概念上の人やもの」なのか「この世に存在する人やもの」なのか明確ではありません。名詞の前に数量をつけることで、「この世に存在する人やもの」であることがはっきりします。「存在」や「出現」を表わす存現文の目的語は、当然「この世に存在する人やもの」です。
また、中国語の目的語は、通常「不定（特定されない）の人やもの」が置かれます。このため、存現文の目的語も「不定の人やもの」となります。したがって、「前から田中さんが来た。」という日本語の文は、中国語の存現文では表現できません。

×前边来了一个田中。 ○田中从前边走过来了

練習問題

◇**与えられた単語を用いて、正しい中国語の文を作りなさい。**

①壁に1幅の絵が掛けられている。

着 挂 画儿。墙上 一幅

②外は大雨が降っている。

下 呢。着 大雨 外边

③教室の中には多数の学生が座っている。

坐 多 里 很 着 学生。教室

④向こうから学生が数名歩いて来ました。

个 走 几 学生。对面 过来

⑤我々のクラスにアメリカの留学生が一人来ました。

班 了 来 美国 一个 我们 留学生。

3. 比較表現

3.1. 前置詞の“比”

①中国語で「A はBより～だ」を表現するには、前置詞の“比”を用います。前置詞なので、主語の後ろ、述語の前に置かれます。

今天 比 昨天 冷。(今日は昨日より寒いです。)
今日 より 昨日 寒い

今天比昨天热。(今日は昨日より暑いです。)

他比我大。(彼は私より年上です。)

这个比那个便宜。(これはあれより安いです。)

ここがポイント！

「寒い」や「年上である」などは形容詞です。形容詞が述語になる場合、程度を表す副詞の“很”などを付ける必要がありました。しかし、比較文では程度副詞は不要です。なぜでしょうか。

比較文は、比較することで「A」と「B」の差がどのくらいあるのかを明確にする文です。つまり、比較することで「差がどのくらいであるか」を表すことができます。比較することで「差がどのくらいあるか」が理解できるので、比較文に用いられた形容詞に、程度副詞を付ける必要はありません。

「差」を際立たせる副詞“还”や“更”は使用することができます。“还”は発話者の主観的なニュアンスが内在しています。“更”は客観的なニュアンスが読み取れます。

〇今天比昨天更冷。　×今天比昨天很冷。

〇今天比昨天还冷。　×今天比昨天非常冷。

②比較の「差」、つまり、数量を述べる時は、述語の後に置きます。「今日は昨日よりちょっと寒い。」や「彼は私より２歳年上だ。」のような日本語を中国語に訳す際、日本語の語順に影響されて、数量を述語の前に置いて作文する人がいます。語順に注意しましょう。

〇今天　比　昨天　冷　一点儿。（今日は昨日よりちょっと寒い。）
今日　より　昨日　寒い　ちょっと

〇他 比 我 大 两岁。（彼は私より２歳年上です。）

×今天比昨天一点儿冷。　×他比我两岁大。

这条领带比那条领带贵多少钱？（このネクタイはあのネクタイよりいくら高いですか。）

她说的汉语比我好一点儿。（彼女が話す中国語は私よりちょっと良いです。）

这个比那个便宜一些。（これはあれより少し安いです。）

她比我早来了五分钟。（彼女は私より５分早く来た。）

我昨晚比平时少睡了两个小时觉。
（私は昨晩、普段より睡眠時間が２時間少なかった。）

③「A はBよりずっと～だ」を表現するには、程度補語の“～得多”“～多了”を用います。

今天比昨天热多了。（今日は昨日よりずっと暑いです。）

这个比那个贵得多。（これはあれよりずっと高いです。）

④「動詞＋目的語」構造を伴う様態補語文に、比較表現を使用する際、“比～”を置く位置に注意しましょう。

○她说英语说得比我流利。 ○她说英语比我说得流利。

×她比我说英语说得流利。

前置詞“比”を用いた比較文では、“比～”の後に比較して得られた「差がどうなのか」という情報を述べる必要があります。成立しない文では“比我”の後に“说汉语”という「動詞目的語」が置かれています。このため「差がどうなのか」が明確になっていません。

⑤「私はコーヒーより紅茶が好き」という日本語を中国語に作文する際も注意しましょう。前置詞の“比”を用いる発想を転換して、動詞としての“比”を使います。「コーヒーと比べると、私は（更に）紅茶を飲むのが好き。」というように発想を変えて、中国語に訳します。

×我比咖啡喜欢喝红茶。(私とコーヒーを比べています。)

×我喜欢喝红茶比咖啡。(前置詞の“比”は主語の後に置きます。)

○比起咖啡来，我（更）喜欢喝红茶。

○跟咖啡比起来，我（更）喜欢喝红茶。

○和咖啡相比，我（更）喜欢喝红茶。

⑥比較文に用いられる“要”

“要”は比較文にも用いられて「（比較して）～になる、～のようだ」という意味を文中に付与します。日本語の意味では明確な意味が読み取れない場合もありますが、“要”があると発話時の臨場感やリアリティが出てきます。“要”が置かれる位置は、３通りあります。

她要比我跑得快些。(彼女は私よりも走るのが速い（ようです)。)

她比我要跑得快些。

她比我跑得要快些。

3.2. 比較文の否定

①比較文の否定は「～ほどではない」という表現になり、中国語では“没”“没有”を用います。文中に“那么”“这么”を入れると、「あんなに、こんなに」と程度を述べることになり、臨場感が出ます。

今天没有昨天（那么）冷。(今日は昨日ほどは（あんなに）寒くはない。)

这个没有那个贵。(これはあれほどは値段が高くない。)

我的汉语没你好。(私の中国語はあなたほど良くない。)

②“不如”「～に及ばない」も“没有”と同様に使えます。ただし、“不如”を用いた場合、“那么”“这么”は使えません。

今天不如昨天冷。（今日は昨日ほど寒くはない。）

我的汉语不如她流利。（私の中国語は彼女ほど流暢ではない。）

我踢足球不如他踢得好。（私は彼ほどサッカーが上手ではない。）

③“不比”「～というわけではない」も形式上は否定表現です。しかし、実際の会話では“没有”が多用されます。“不比”は相手が述べたことに対して、反論・反駁するような場合や「マイナスの意味」を否定し強調する場合に用いられます。“不比”を用いた場合も“那么”“这么”は使えません。

北京比哈尔滨冷吧？（北京はハルピンより寒いでしょう。）

北京不比哈尔滨冷。（北京がハルピンより寒いなんてことはないよ。）

爸爸做的菜不比妈妈做的菜差。（父が作る料理は、母が作る料理よりも劣っていない。）

（一般的に父が作る料理は母よりも劣っている場合が多いが、うちの父が作る料理は母よりも劣っていない、ことを強調しています。）

3.3. 同等比較（～と同じである）“跟／和～一样”

①「～と同じである」と述べる場合は、“跟／和～一样”を用います。

この場合、“跟／和”だけが前置詞で、“一样”は文の述語として用いられます。

他的手机跟你的一样。（彼の携帯はあなたのと同じである。）

你的看法和我一样。（あなたの見解は私と同じである。）

②「～と同じように～」という場合

この場合、“跟／和～一样”全体が前置詞句の連用修飾成分として、文に組み込まれます。

他跟他哥哥一样喜欢学外语。（彼は彼の兄と同じように外国語を勉強するのが好きです。）

今年夏天和去年一样热。（今年の夏は去年と同じように暑い。）

③「～と同じでない」という場合

この場合は、“跟／和～不一样”または“跟／和～不同”を使います。

他的数码相机跟我的不一样。（彼のデジタルカメラは私のとは同じでない。）

我的意见和你有点儿不同。（私の意見はあなたと少々異なっている。）

練習問題

◇与えられた単語を用いて、正しい中国語の文を作りなさい。

①これはあれより少し安い。
比 便宜 这个 那个 一点儿。

②今日は昨日よりずっと寒い。
比 热 今天 多了。昨天

③彼は私より２歳年上だ。
大 我 他 比 两岁。

④このコートはあのコートよりいくら高いですか。
多少钱? 贵 比 大衣 大衣 这件 那件

⑤彼女が話す中国語は私より流暢です。
得 她 说 比 我 说 流利。汉语

⑥彼女は私より10分早く来た。
十分钟。早 比 我 她 来了

⑦私は昨晩、普段より睡眠時間が２時間少なかった。
比 我 少 觉。昨晚 小时 平时 两个 睡了

⑧ここ数日は以前よりもそんなに忙しくない。
忙。以前 没有 那么 这几天

⑨兄の専攻は私と全く同じです。
的 的 我 跟 一样。完全 哥哥 专业 专业

⑩私は彼と同じようにサッカーの試合を見るのが好きです。
他 我 看 跟 一样 比赛。喜欢 足球

4. 連動文

同一文中に、二つ以上の動詞や動詞句がある文を連動文と言います。通常、動作が行われる順序で動詞（句）を並べます。ただし、"有" と "没有" を用いる時は、語順に注意してください。「～がある」「～がない」を先に言います。

連動文は以下の四つの形式があります。

①連続する動作を述べる

我做完作业睡觉。（私は宿題を終えたら眠る。）

我下了课回家。（私は授業が終わったら、帰宅する。）

她戴上眼镜看起书来。（彼女は眼鏡をかけて、読書をし始めた。）

②後の動詞句が前の動詞句の目的を表す。「～へ行って（来て）～する」

我不想去买东西。（私は買い物に行きたくない。）

我去图书馆看书。（私は図書館へ行って本を読む。）

明天他去上海出差。（明日、彼は上海に出張に行く。）

③前の動詞句が後の動詞句の手段や方式を表す。「～で～する」

我们坐公交车去动物园。（私たちはバスに乗って動物園に行く。）

我父母坐地铁来我家。（私の両親は地下鉄でうちに来る。）

我弟弟走着去学校。（私の弟は歩いて学校へ行く。）

④「～する～がある / ない」

我有钱买东西。（私には買い物をするお金がある。）

他没有时间打工。（彼はバイトをする時間がない。）

有机会见到你，我很高兴。（あなたにお会いする機会を得て、私は嬉しく思います。）

ここがポイント！

中国語の連動文は特に難しいところはありません。しかし、気をつけて欲しい点が2点あります。

第一に、「私は中国に旅行に行く。」という場合です。この日本語を中国語に訳すと "我去中国旅行。" となります。この訳は正しいです。しかし、下の「×」のような構造分析をする人がいます。実は、この文も「中国へ行って旅行する」という連動文なので、下の「○」のような構造と考えなければなりません。

×我 去 中国旅行。　　○我 去中国 旅行。
主語 動詞 目的語　　主語 動詞句 動詞

第二に、連動文の動詞句に時態助詞の“了”や補語をつける場合です。この場合も「×」のように訳す人がいます。

×暑假　我们　去了　一个星期　中国旅行。
日時　主語　動詞　補語　目的語

中国語の文構造の理解は、「主語＋動詞＋補語＋目的語」で問題ありません。しかし、この場合も「夏休みに私たちは中国に行って１週間旅行した」と考える必要があります。“去中国”はこの場合、「具体的な動作」ではなく、単に「移動」を表します。この文における「具体的な動作」は「旅行を１週間した」です。

○暑假　我们　去中国　旅行了　一个星期。
日時　主語　動詞句　動詞　補語

練習問題

◇与えられた単語を用いて、正しい中国語の文を作りなさい。

①週末、私たちは一緒にレストランに行って、会食しませんか。
去　周末　好吗?　聚餐，餐厅　一起　咱们

②今日、私たちは一緒に野球の試合を見に行く。
看　去　今天　比赛。棒球　一起　我们

③兄は毎日、自転車で学校に行く。
去　骑　每天　学校。自行车　我哥哥

④私たちタクシーで空港に行っても良いですか。
吗?　去　坐　我们　机场　可以　出租车

⑤日曜日、私は友人と一緒に新宿へ行って映画を見たい。
和　想　看　我　去　新宿　朋友　电影。一块儿　星期天

⑥現在、私にはアメリカに留学するお金がない。
钱　去　我　现在　留学。没有　美国

⑦私は最近勉強が忙しくて、バイトに行く時間がない。

我　去　最近　时间　学习　打工。很忙，没有

---

⑧私は新幹線で博多に行きたくない、飛行機で博多に行きたい。

坐　坐　去　去　我　想　不想　博多，博多。飞机　新干线

---

⑨私たちは来年雲南か四川に旅行に行く予定です。

去　去　打算　旅行　旅行。明年　或者　我们　云南　四川

---

⑩春休み、私たちは２週間アメリカに旅行に行きました。

了　去　春假　旅行　星期。我们　美国　两个

---

5. 使役文

「～に～させる」という使役文には“叫”“让”“使”を用います。使役文を構成する成分は三つです。

①「命令（指示）を出す人・もの」或いは「出来事」

②「命令（指示）を受ける人・もの」或いは「出来事の影響を受ける人・もの」

③「命令（指示）の具体的な内容」或いは「影響を受けた内容」

文脈で理解できる場合は、「命令（指示）を出す人・もの」或いは「出来事」が省略される場合もあります。

“使”は書面語で用いられ「ある出来事で人を～させる」「ある出来事である心理状態を引き起こす」といった表現で使用されます。「原因」と「結果」という意味構造が読み取れます。“叫”と“让”は「人が人に～させる」のように「具体的動作をさせる」場合に用いられます。“让”はもともと「譲る、許す」という意味で、「許容して～させる」というニュアンスが生じる場合にも用いられます。

这部电影使我们非常感动。（この映画は我々を非常に感動させた。）

这件事使我们的友谊更深了。（この件で我々の友情が更に深まった。）
yǒuyì

老师叫学生练习会话。（先生は学生に会話練習をさせる。）

妈妈让孩子去买东西。（母は子どもを買い物に行かせる。）

让您破费了。（ご散財させてしまいました。）
pòfèi

让你久等了。（お待たせしました。）

你父母让不让你去国外旅游？（両親はあなたを海外旅行に行かせますか。）

否定の“不”や“没”は“让”の前に置き、その他の副詞や助動詞も使役動詞の前に置きます。ただし、禁止表現“别”“不要”は指示内容を表す動詞の前に置くことが可能です。

医生不让爸爸喝酒。(医者は父にお酒を飲ませない。)

医生让你别喝酒，让你多吃水果。
(医者はあなたにお酒を飲まずに、もっと果物を食べるように言っていた。)

这个消息太叫我们激动了。(このニュースは我々を大変感動させた。)

能让我用一下你的电子词典吗？(あなたの電子辞書を使っても良いですか。)

使役文も兼語文の一種です。例をあげて説明します。
“老师叫学生念课文。(先生は学生に本文を音読させる)”という文では、主語は“老师”で、主たる動詞は“叫”です。“叫”の目的語は“学生”ですが、この“学生”は、後ろに続く“念课文”の動作主、つまり主語にもなっています。このように、目的語にもなり、且つ主語にもなる成分がある文を兼語文と言います。

老师　叫　学生　念课文。
主語　動詞　目的語
　　　　　　主語　　述語

ここがポイント！

①使役文は「～に～させる」「～に～させた」と訳せます。しかし、「～させる」にこだわらず、「～と言ってました」と訳を変えた方が良い場合もあります。例文であげた以下の文も「～させる」にこだわると、日本語として不自然になります。

医生让你别喝酒，让你多吃水果。
(医者はあなたにお酒を飲まずに、もっと果物を食べるように言っていた。)

(医者はあなたにお酒を飲ませずに、もっと果物を食べさせる。)

②「人が人に～させる」という場合は、“叫”“让”も用いられます。しかし、否定する時は、“不让”が用いられ、“不叫”はほとんど用いられません。(中国は広いので、使う地域もあるようです。しかし、普通話では“不让”が使われます。) なぜでしょうか。
以下、私の考えを述べます。
“叫”は「指示命令的なニュアンス」が含まれると言われています。「先生が学生に～させる」「親が子供に～させる」のような場面でしばしば用いられます。「指示をする動作行為」や「命令する動作行為」を否定する必要はあるでしょうか。「発音練習をさせる」「宿題をやらせる」を否定する必要はないと考えます。“让”の基本的な意味は「譲る」「許容する」です。この意味の否定は「譲らない」「許さない」です。日常生活に置いて、この意味は用いることができるのではないでしょうか。「父は私が海外留学に行くのを許さない。」は現実に起こりえる出来事だと思います。「指示命令」は否定する必要はありませんが、「許容しない、許さない」はあり得ることだと思います。

6. 兼語文

使役文で解説しましたが、「目的語」と「主語」を兼ねている単語が文中にある文を兼語文と言います。

“今天我想请你们来我家玩儿。(今日、私はあなた方をうちに招いて遊びたい)”で再度解説します。主語は“我”で、主たる動詞は“请”です。“请”の目的語は“你们”です。“你们”は、後ろの“来我家玩儿”の主語にもなっています。

今天　我　想　请　你们　来　我家　玩儿。

主語（我）　動詞（请）　目的語（你们）

主語（你们）　述語（来我家玩儿）

兼語文を構成する主な動詞を以下に挙げます。

①有（～がいる）

我有一个朋友在中国留学。(私には中国に留学している友人がいる。)

②请（招く、～するようにお願いする）

今天我请你来我家吃晚饭。(今日、私はあなたをうちに呼んで夕食をごちそうします。)

我想请医生看病。(私は医者に病気を診てもらいたい。)

③派 pài（派遣する）

公司派她去北京出差。(会社は彼女を北京に出張するように言った。)

④劝 quàn（忠告する）

妈妈劝爸爸戒烟。(母は父に禁煙を勧める。)

⑤建议 jiànyì（提案する）

医生建议我休息几天。(医者は私に数日休むように提案した。)

⑥要求 yāoqiú（要求する）

老师要求学生不要迟到。(先生は学生に遅刻しないよう要求した。)

⑦嘱咐 zhǔfu（言い聞かせる）

大夫嘱咐父亲别喝酒。(医者は父にお酒をやめるように言い聞かせた。)

練習問題

◇与えられた単語を用いて、正しい中国語の文を作りなさい。

①今回の旅行は我々にとって生涯忘れがたいものになった。(使役文)
这 使 次 难忘。旅行 终身 我们

②先生は私に本文の音読をさせる。(使役文)
念 我 叫 课文。老师

③父は私に自分で決めるよう言った。(使役文)
我 做 让 爸爸 决定。自己

④今年の夏は暑すぎる、本当に耐えられない。(使役文)
人 叫 热 真 今年 死了，夏天 受不了。

⑤父は私をアメリカ留学に行かせたくない。(使役文)
想 让 不 我 去 爸爸 留学。美国

⑥医者は彼女にしっかり休むように言い聞かせた。(兼語文)
她 休息。嘱咐 医生 好好儿

⑦先生は私に文法関係の本をいくつか読むように提案した。(兼語文)
读 的 我 书。一些 老师 方面 建议 语法

⑧会社は従業員を組織して西安に旅行に行く。(兼語文)
去 公司 职工 旅游。西安 组织

⑨ここ数日、父は体の具合がちょっと悪い、母は父にタバコをやめるように勧める。(兼語文)
不 劝 就 爸爸 舒服，戒烟。妈妈 爸爸 身体 有点儿 这几天

⑩現地で実情を調査するために、会社は彼を天津に(派遣し)出張させるつもりです。(兼語文)
他 派 去 就地 为了 调查 打算 一下 公司 实际 天津 情况，出差。

7. 二重目的語文

7.1.「授与」の意味

「授与」の意味の二重目的語文の語順は、「主語（授与者）＋動詞＋与格目的語（〜に、被授与者）＋対格目的語（〜を、授与物）」となります。

刘老师	教	我们	汉语。
主語	動詞	（〜に）目的語	（〜を）目的語

我	送	你	一个礼物。
主語	動詞	（〜に）目的語	（〜を）目的語

明天我要还（huán）他两千块钱。（明日、私は彼に2千元返します。）

爸爸昨天给了我一部电子词典。（父は昨日、私に電子辞書をくれた。）

我的男朋友送了我一个生日礼物。（私のボーイフレンドは私に誕生日プレゼントをくれた。）

ここがポイント！

「〜が〜にプレゼントをする」「〜が〜に中国語を教える」という文の持つ意味は何でしょうか。それは「移動」です。「プレゼントをする」は「物の移動」であり、「中国語を教える」は「知識の移動」です。何かを「移動」させるには意味構造上、何が必要でしょうか。それは「起点（出発点）」と「終点（到達点）」です。

“我送你一个礼物。”という文で考えてみましょう。

“我”が「起点」で、“你”が「終点」です。“一个礼物”「移動するもの」です。この三つの要素をつなぐのが、動詞“送”です。つまり、「私の所にあったプレゼントがあなたの所に移動する」ことを表わしています。

私の個人的な考えですが、人間がこの世の出来事を言語化するには「何らかのまとまり」が必要ではないかと思っています。「起点」と「終点」も「まとまり」を構成するために必須の概念です。

7.2.「取得」の意味

「取得」の意味の二重目的語文の語順は、「主語（取得者）＋動詞＋目的語（〜から、被取得者）＋目的語（〜を、取得物）」となります。

小偷儿偷了我钱包。（泥棒は私から財布を盗んだ。）

警察罚了我一千块钱。（警察は私に1千元罰金を科した。）
Jǐngchá fá

我借她一枝笔。（私は彼女からペンを借りる。）

7.3. 「その他」の意味

「～に～をする」のように主語から間接目的語への働きかけ表す場合や「～を～と呼ぶ」という場合も二重目的語文となります。

我们求你一件事儿。（私たちはあなたにお願いごとがあります。）

我想请教您一个问题。（私はあなたにお教え頂きたい事があります。）

我叫她阿姨。（私は彼女をおばさんと呼ぶ。）
āyí

8. “是～的”構文

すでに実現した動作について、その動作が行われた「時間・場所・方法」などをポイントとして発話する時に、“是～的”構文を用います。

「彼、今日来た？」という発話では、動作の「来た」か「来ていない」かに話のポイントがあります。そこで答える人も「来たよ」もしくは「来てないよ」と答えます。中国語でも、“他来了吗?”“他来了。”となります。「彼が来た」という情報を理解した後、次に人間が知りたいと思う情報は、「いつ来たの」や「どうやって来たの」という事です。

中国語では、このような場面で“是～的”構文が使われます。ちなみに、「彼はいつ来たの」は中国語では“他是什么时候来的?”、「彼はどうやって来たの」は“他是怎么来的?”となります。

肯定文の場合、“是”は省略できます。否定文では“不是”となり、“是”は省略できません。“的”は基本的に動詞の後につけます。ただし、動詞の目的語が人称代名詞の場合、“的”は人称代名詞の後につけます。

「場所」

我是在大学学的汉语。

（私は大学で中国語を学んだ（のです）。）

「時間」

他是前天来的。

（彼はおととい来た（のです）。）

「方法」

她是坐地铁来的。（彼女は地下鉄で来た（のです）。）

（肯定）

我是在大学学的汉语。

（否定）

我不是在大学学的汉语。

（疑問）

你是在哪儿学的汉语?　你是在大学学的汉语吗?　你是不是在大学学的汉语?

这双靴子我是在百货大楼买的。（このブーツは、私はデパートで買ったのです。）

那个好消息是谁告诉你的?（あの良いニュースは誰があなたに教えたの？）

昨天我是跟女朋友一起去的游乐园。
（昨日、私はガールフレンドと一緒に遊園地に行ったのです。）

我不是坐公交车来的学校，是坐地铁来的学校。
（私はバスで学校に来たのではなく、地下鉄で学校に来たのです。）

練習問題

◇与えられた単語を用いて、正しい中国語の文を作りなさい。

①彼は私に絵を売ってくれた。
他 我 了 画儿。一幅 卖给

____

②授業が終わったら、私は先生に質問したい。
想 我 问 下课 一个 以后，问题。老师

____

③彼女はかつて留学生に日本語を２年教えたことがある。
她 日语。教过 曾经 两年 留学生

____

④明日、私は必ず先生に論文を提出しなければならない。
交 我 要 一定 一篇 明天 老师 论文。

____

⑤昨日、父は母にとても高価なダイヤモンドの指輪をプレゼントした。
的 昨天 很贵 一个 爸爸 妈妈 戒指。钻石 送了

____

⑥あなたはいつ帰国したのですか。私は一昨日、帰国したのです。
你 我 的 的 回 回 是 是 国？ 国。前天 什么时候

____

⑦このネックレスをあなたはどこで買ったのですか。私はアクセサリー専門店で買ったのです。
你 我 在 在 是 是 的？ 的。买 买 哪儿 这条 首饰 项链 专卖店

____

⑧私は新幹線で行ったのではなく、飛行機で行ったのです。
我 坐 坐 去 去 的，的。是 不是 飞机 新干线

____

⑨あなたは誰と一緒に北京に行ったのですか。私は友人と一緒に北京に行ったのです。
你 我 是 是 跟 跟 去 去 的 的 谁 一起 一起 朋友 北京? 北京。

____

⑩あなたはどこで彼女に会ったのですか。私は東京駅で彼女に会ったのです。
你 我 是 是 在 在 的? 的。她 她 哪儿 见到 见到 东京站

____

9. 受身文

中国語の受身文は前置詞の“被”“叫”“让”“给”を用います。意味は「〜に（よって）〜される」となります。“给”は南方人が口語で用います。

「被害を受ける対象＋被＋被害を与える存在＋動詞＋補語などの成分」という構造になります。

我的自行车　被　人　骑走了。
被害を受ける対象　被　被害を与える存在　動詞補語

我　叫　爸爸　说了　一顿。
被害を受ける対象　叫　被害を与える存在　動詞　補語

他叫老师批评了一顿。（彼は先生にくどくど叱られた。）

我的电脑让弟弟弄坏了。（私のパソコンは弟に壊された。）

我的钱包被小偷儿偷走了。（私の財布は泥棒に盗まれた。）

那本小说给她拿走了。（あの小説は彼女に持って行かれた。）

もともと受身文は「迷惑・被害」を受けることを表しましたが、その後「表彰される」「選ばれる」などの文に用いられるようになりました。

她被选为学生代表了。（彼女は学生代表に選ばれた。）
xuǎnwéi

他被校长表扬了。（彼は校長に表彰された。）
biǎoyáng

ここがポイント！

1. 受身文の成立要件には、必須の条件が二つあります。

①主語の位置に置く成分は、話し手と聞き手が分かっている「特定の人やもの」です。「迷惑・被害」を受ける対象が「不定の対象」では、「迷惑・被害」を受けることができません。“一把雨伞”は「この世に存在する雨傘」という意味を表していますが、「特定された雨傘」ではないので「迷惑・被害」を受ける対象となることができません。

○我的雨伞被弟弟拿走了。　×一把雨伞被弟弟拿走了。

②中国語の受身文では「迷惑・被害」を具体的に述べる必要があります。従って、動詞の後ろに補語などの成分が必要となります。中国語の動詞は「動作そのもの」しか表していないのです。従って、どのような「迷惑・被害」を受けたかを述べるには、補語などの成分を動詞に付け、「迷惑・被害」を明確にする必要があります。“拿了”だけでは「持った」「手にした」という意味のみを表しています。これでは「迷惑・被害」が明確になっていません。補語の“走”を動詞に付加することで「対象物がどこかへ行く」「自分の所有物が消失する」という意味が読み取れ、「迷惑・被害」が明確になります。下の二つ目の例も「動作に時間がかかるひとしきり」という“一顿”が入ることで、「くどくど」のような意味が付与され、そこから「迷惑・被害」の意味が読み取れます。

〇我的雨伞被弟弟拿走了。　×我的雨伞被弟弟拿了。

〇他被爸爸说了一顿。　×他被爸爸说了。

2. 否定の副詞や助動詞は“被，叫，让，给”の前に置きます。

我的雨伞没被弟弟拿走。（私の雨傘は弟に持って行かれなかった。）

小心别让人家骗了。（人に騙されないように気を付けなさい。）

3. “被”“给”と“叫”“让”

①“被”“给”は、以下のような文でも成立しますが、“叫”“让”では成立しません。

〇我的自行车被骑走了。（私の自転車は乗って行かれてしまった。）

〇我的自行车给骑走了。

×我的自行车叫骑走了。

×我的自行车让骑走了。

②“叫”と“让”には「使役」の意味がありますが、“被”にはありません。

〇老师叫学生做作业。（先生は学生に宿題をやらせる。）

〇老师让学生做作业。

×老师被学生做作业。

4．受身の意味の“叫”“让”

使役の意味の“叫”“让”がなぜ受身の意味も表すのでしょうか。

以下に私の考え述べます。

使役は「～に～させる」という意味です。「先生が学生に宿題をやらせる」「母親が子どもを買い物に行かせる」の例で考えてみましょう。

先生や母親の指示・命令を受ける学生や子どもにとっては「指示命令される」ことはあまり気が進まない場合もあると思います。つまり、「～させられた」というニュアンスが生じるのです。従って、中国語の使役動詞の“叫”“让”は「受身」の意味を表すようになったのではないでしょうか。

5. 意味上の受身文

中国のテレビドラマを見ていても、実は受身文があまり出て来ません。これは、人間が日常生活を送っている場合、「被害・迷惑」を強く訴える場面に遭遇しないからなのではないでしょうか。

日常生活で他人と会話する際は、中国語では意味上の受身文を用いればいいのではないでしょうか。

我的自行车弄坏了。(私の自転車は壊された。)

钱包弄丢了。(財布を失くしてしまった。)

钥匙忘在房间里了。(カギを部屋に忘れてしまった。)

10. "把" 構文 (処置文)

中国語では、動作の対象物をどのように「変化させた」「移動させた」「影響を与えた」かを述べる場合に "把" 構文を用います。特に、動詞の後に「場所目的語」や「～になった」という変化した目的語、更には「～に」という与格の目的語が置かれると、「～を」という対格の目的語は、"把" を用いて動詞の前に置かれます。

我把新买的钱包弄丢了。
(私は新しく買った財布を失くしてしまった。：私のミスで新しく買った財布を消失させてしまったという「変化」があったことを強調して述べている。)

我弄丢了新买的钱包。
(私は新しく買った財布を失くしてしまった。：出来事を述べているだけの文)

爸爸把孩子送到医院去了。
(父親は子どもを病院まで送って行った。：「子ども」が家から病院へ「移動させた」ことを述べている。)

你把房间打扫一下吧。(あなたは部屋を掃除しなさい。)

他没把数码相机带来。(彼はデジカメを持って来なかった。)

我把书包放在桌子上。(私はカバンを机の上に置いた。)

他把日元换成人民币了。(彼は日本円を人民元に換えた。)

我把这本词典借给你。(私はこの辞書をあなたに貸します。)

ここがポイント！

1. "把" 構文の成立要件には、必須の条件が二つあります。

①"把" の後ろに置く成分は、話し手と聞き手が分かっている「特定の人やもの」です。「不定の対象」では対象物が特定されないため、「処置」が行えません。

○我把这本小说看完了。

×我把一本小说看完了。

（“一本小说”は「この世に存在する個体としての小説」いう意味は表していますが、「特定された小説」ではないので、「処置」を行えません。）

②動作の対象物（“把”の後ろに置く成分）をどのように「変化させた」「移動させた」「影響を与えた」かを述べるには、動詞の後ろに補語などの成分が必要となります。中国語の動詞は「動作そのもの」しか述べていないので、「変化させる」あるいは「移動させる」という意味まで表すことができないためです。

○我把这本小说看完了。

×我把这本小说看了。

（“看了”だけでは「見た」「目を向けた」という意味のみを表し、「対象物を変化させる」などの意味が表現出来ません。従って、「どのような処置」を行ったかを表現できません。）

ただし、“吃了”“卖了”“丢了”などの動詞は、これのみで「対象物を減少させた」「有から無への変化」「消失させた」という意味が読み取れるので、成立可能となります。

我把这个苹果吃了。（私はこのリンゴを食べた。）

我把照相机卖了。（私はカメラを売った。）

我把手机丢了。（私は携帯を失くした。）

2. 助動詞や否定の副詞は“把”の前に置きます。

○她能把那本小说看完。（彼女はあの小説を読み終える事ができる。）

×她把那本小说能看完。

○我没把作业做完。（私は宿題をやり終えていない。）

×我把作业没做完。

3. “把”構文には可能補語が使えません。助動詞は使えます。

○我能把这本小说看完。（私はこの小説を読み終えることができる。）

×我把这本小说看得完。

可能補語は、「総合的、客観的観点からできる、できない」という意味を表します。これに対し、「処置」というのは「一回限り」や「個別的」な出来事を表現します。可能補語と“把”構文は異なる意味特徴を持っています。異なる意味特徴を有するので、同一文中に使用できません。これに対し、助動詞は「一回限り」「個別的」な観点から「できる、できない」という意味を表します。「処置」と同様の意味特徴を持ちます。同様の意味特徴を持つので、助動詞は“把”構文に使用できます。

4. “把”構文や受身文に用いられる“给”

以下の例を見て下さい。“把”構文や受身文の動詞の前に“给”が用いられています。“给”があると、“把”構文では「やってしまった」、受身文では「やられてしまった」のような口語での臨場感で出てきます。

杯子叫孩子给打碎了。（コップは子どもに割られてしまった。）

我把钥匙给弄丢了。（私はカギを失くしてしまった。）

5.「使役」の意味を表す“把”構文

ある「原因」により“把”の後の成分に対し、劇的な変化をさせてしまった（ある影響をもたらした）という「結果」を述べる場合、“把”構文が用いられます。

述語には程度が極端であることを示す表現が用いられます。

这几天可把我忙坏了。

（ここ数日、本当に私を忙しくて、てんてこ舞いにさせた。→ここ数日、私は本当に忙しくて、てんてこ舞いになった。）

他的态度真把我气死了。

（彼の態度は私を心底怒らせた。→彼の態度に私は心底怒りを覚えた。）

練習問題

◇与えられた単語を用いて、正しい中国語の文を作りなさい。

①私の傘は誰かに持って行かれた。（受身文）

了。我 走 的 被 人 拿 雨伞

②昨日、私は先生にくどくど叱られた。（受身文）

了 被 我 批评 昨天 老师 一顿。

③私のパソコンは弟に壊された。（受身文）

了。我 坏 的 让 给 弄 弟弟 电脑

④私の服は大雨で濡れてしまった。（受身文）

我 了。湿 的 淋 叫 大雨 衣服

⑤カギは彼が部屋に忘れてしまった。（受身文）

了。他 被 忘在 钥匙 房间里

⑥私は母が私にくれた財布を失くしてしまった。（“把”構文）

我 我 了。丢 的 把 弄 钱包 妈妈 送给

⑦あなたはこの小説を図書館に返さなければならない。(“把”構文)
把　你　小说　这本　还给　应该　图书馆。

---

⑧私はこのお土産を友人の所へ送りたい。(“把”構文)
我　去。想　把　那儿　寄到　土产　这种　朋友

---

⑨今日、兄は部屋をきれいに片づけた。(“把”構文)
得　把　很　今天　收拾　房间　干净。我哥哥

---

⑩私はたとえ一晩眠らなくても、この宿題をやらなければならない。(“把”構文)
也　要　把　我　一夜　宁可　作业　不睡，做完。这个

練習問題解答

■第1章
①的　②地　③地　④的　⑤的　⑥地
⑦的　⑧地　⑨的　⑩地

■第2章
1. ①座　②双　③块　④架　⑤把
2. ①昨天晚上他喝了三瓶啤酒。
   ②墙上贴着一张广告画。
   ③星期天我们看了一部电影。
   ④爸爸给我买了两条(两件)连衣裙。
   ⑤这件事我一点儿也不知道。

■第3章
1. ①从　②离　③对　④给　⑤跟／和
2. ①从我家到学校要一个半小时。
   ②(现在)离圣诞节还有一个月。
   ③我对戏剧不感兴趣。
   ④他在一家便利店打工。
   ⑤星期天我跟她一起去逛商店。
   ⑥「携带電話」用汉语怎么说?
   ⑦为了减肥，她每天都跑步。
   ⑧关于那件事，我认为跟他没有关系。
   ⑨今天我身体有点儿不舒服，连饭都不想吃。
   ⑩除了足球以外，我还喜欢打棒球。

■第4章
1. ①会　②能　③可以　④肯　⑤敢
2. ①我妈妈会做越南菜。
   ②我会游泳，但是今天我身体有点儿不舒服，不能游泳。
   ③明天我有时间，能跟她一起去机场。
   ④我会是会英语，可是，还不能当翻译。
   ⑤从北京去上海，你可以坐飞机去，也可以坐火车去。
   ⑥这个问题我们应该跟他们研究一下。
   ⑦我想向您请教一个问题。
   ⑧她一直不肯承认自己的错误。
   ⑨工作太紧张，我不敢看电视。
   ⑩要是成绩不好的话，老师又该批评我了。

■第5章
1. ①就　②刚　③还　④又　⑤再
2. ①她说的法语又流利又正确。
   ②我妹妹刚开始学习韩语。
   ③我只要有时间，就去看电影。
   ④你只有多听多说，才能提高会话能力。
   ⑤除了大学生以外，还有几个留学生。
   ⑥要是／如果太贵的话，我就不买了。
   ⑦就是／即使父母都反对，我也要去留学。
   ⑧我不管去哪儿，都带着数码相机。
   ⑨我太忙了，连吃午饭的时间都没有。
   ⑩她一点儿也不知道这件事儿。

■第6章
①我这几天没在家吃晚饭了。
②我和她已经好几年没见面了。
③她来日本留学整整两年了。
④我洗了澡就睡。
⑤我下了课就去打工。
⑥星期天我买了两本杂志。
⑦星期六我哥哥打了五个小时工。
⑧昨晚我睡了七个小时觉。
⑨这本小说我看了一遍。
⑩她学了两年韩语了。

■第7章
1. ①在　②正　③正在　④在　⑤正
2. ①今天她没有走着去车站。
   ②今天我爸爸穿着一条牛仔裤。
   ③我朋友手里拿着一瓶矿泉水。
   ④躺着看书对眼睛不太好。

⑤李老师正在热心地教大学生汉语。

■第8章

◇ ①这本小说我还没看完。
②老师的声音很小，我没听清楚。
③姐姐住在离大学不远的地方。
④我给女朋友打了好几次电话，可是都没打通。
⑤昨天我看了两个小时视频。
⑥我在百货大楼等了她一个小时。
⑦你学了多长时间英语了?
⑧我一个星期打三次网球。
⑨我还想再去一趟香港。
⑩我好像在哪儿见过她一次面。

◇ ①孩子们从外边跑进教室来。
②他从书包里拿出来一部数码相机。
③他的名字我怎么也想不起来。
④我们怎么也想不出好办法来。
⑤昨天晚上热死了，我怎么也睡不着。
⑥这么多的菜，我一个人吃不了。
⑦她说法语说得跟法国人一样流利。
⑧她弹钢琴弹得比我好。
⑨朋友的态度把我气得说不出话来。
⑩今天我忙得连吃午饭的时间都没有。

■第9章

◇ ①足球比赛要开始了。
②我的朋友快要回老家了。
③我们结婚快十年了。
④我姐姐大学毕业快五年了。
⑤我爸爸明天就要去中国出差了。

◇ ①墙上挂着一幅画儿。
②外边下着大雨呢。
③教室里坐着很多学生。
④对面走过来几个学生。
⑤我们班来了一个美国留学生。

◇ ①这个比那个便宜一点儿。
②今天比昨天热多了。
③他比我大两岁。
④这件大衣比那件大衣贵多少钱?
⑤她说汉语说得比我流利。
⑥她比我早来了十分钟。
⑦我昨晚比平时少睡了两个小时觉。
⑧这几天没有以前那么忙。
⑨哥哥的专业跟我的专业完全一样。
⑩我跟他一样喜欢看足球比赛。

◇ ①周末咱们一起去餐厅聚餐，好吗?
②今天我们一起去看棒球比赛。
③我哥哥每天骑自行车去学校。
④我们可以坐出租车去机场吗?
⑤星期天我想和朋友一块儿去新宿看电影。
⑥现在我没有钱去美国留学。
⑦我最近学习很忙，没有时间去打工。
⑧我不想坐新干线去博多，想坐飞机去博多。
⑨我们打算明年去云南旅行或者去四川旅行。
⑩春假我们去美国旅行了两个星期。

◇ ①这次旅行使我们终身难忘。
②老师叫我念课文。
③爸爸让我自己做决定。
④今年夏天热死了，真叫人受不了。
⑤爸爸不想让我去美国留学。
⑥医生嘱咐她好好儿休息。
⑦老师建议我读一些语法方面的书。
⑧公司组织职工去西安旅游。
⑨这几天爸爸身体有点儿不舒服，妈妈就劝爸爸戒烟。
⑩为了就地调查一下实际情况，公司打算派他去天津出差。

◇ ①他卖给了我一幅画儿。
②下课以后，我想问老师一个问题。
③她曾经教过留学生两年日语。

④明天我一定要交老师一篇论文。

⑤昨天爸爸送了妈妈一个很贵的钻石戒指。

⑥你是什么时候回的国？我是前天回的国。

⑦这条项链你是在哪儿买的？我是在首饰专卖店买的。

⑧我不是坐新干线去的，是坐飞机去的。

⑨你是跟谁一起去的北京？我是跟朋友一起去的北京。

⑩你是在哪儿见到她的？我是在东京站见到她的。

◇ ①我的雨伞被人拿走了。

②昨天我被老师批评了一顿。

③我的的电脑让弟弟给弄坏了。

④我的衣服叫大雨淋湿了。

⑤钥匙被他忘在房间里了。

⑥我把妈妈送给我的钱包弄丢了。

⑦你应该把这本小说还给图书馆。

⑧我想把这种土产寄到朋友那儿去。

⑨今天我哥哥把房间收拾得很干净。

⑩我宁可一夜不睡，也要把这个作业做完。

【参考文献】

香坂順一　1989『文法からの中国語入門』光生館
李臨定著宮田一郎訳　1993『中国語文法概論』光生館
荒屋勸主編　1995『中国語常用動詞例解辞典』日外アソシエーツ株式会社
吕叔湘主編　1999『现代汉语八百词』(增订版) 商务印书馆
郭春貴　2001『誤用から学ぶ中国語─基礎から応用まで─』白帝社
孙德金　2002『汉语语法教程』北京语言文化大学出版社
荒川清秀　2003『一歩すすんだ中国語文法』大修館書店
梁鸿雁編著　2004『HSK 应试语法』北京大学出版社
刘川平主編　2005『学汉语用例词典』北京语言大学出版社
竹島金吾　2008『練習中心トレーニング中国語（新装版）』白水社
陆庆和・黄兴主編　2009『汉语水平步步高 句子成分』苏州大学出版社
朱丽云主編　2009『实用对外汉语重点难点词语教学词典』北京大学出版社
輿水優・島田亜実　2009『中国語わかる文法』大修館書店
丸尾誠　2010『基礎から発展までよくわかる中国語文法』アスク出版
卢福波　2011『对外汉语教学实用语法』北京语言大学出版社
三宅登之　2012『中級中国語　読みとく文法』白水社
朱庆明編著　2012『现代汉语实用语法分析（第二版上册下册）』清华大学出版社
相原茂主編　2015『中国語類義語辞典』朝日出版社
丸尾誠　2015『中級者の悩み解決！ピンポイント中国語文法』NHK 出版
相原茂・石田知子・戸沼市子　2016『Why? にこたえる　はじめての中国語の文法書』同学社
守屋宏則・李軼倫　2019『やさしくくわしい中国語文法の基礎　改訂新版』
张志毅主編　2020『当代学习词典』商务印书馆

著　者

布川　雅英
神田外語大学アジア言語学科中国語専攻教授

中国語検定対策　文法のポイント
（中検４級・３級合格に向けて）

2023. 4. 1　初版発行

発行者　井　田　洋　二

発行所　〒101-0062　東京都千代田区神田駿河台３の７
電話　東京03（3291）1676　FAX 03（3291）1675
振替　00190-3-56669番
E-mail：edit@e-surugadai.com
URL：http://www.e-surugadai.com

株式会社　駿河台出版社

製版・印刷・製本　フォレスト

ISBN 978-4-411-03156-3 C1087 ¥2200E